雪国の春

柳田国男が歩いた東北

柳田国男

角川文庫
17142

自序

二十五、六年も前からほとんど毎年のように、北か東のどこかの村をあるいていたが、紀行を残しておきたいと思ったのは、大正九年の夏秋の長い旅だけであった。それを『豆手帖から』と題して東京朝日に連載したのであったが、どうも調子が取りにくいので中ほどからやめてしまった。

再び取り出して読んでみると、もうおかしいほど自分でも忘れていることが多い。いま一度あのころの気持になって考えてみたいと思うようなことがいろいろある。最近代史の薄い霞のようなものが、少しでもこうして中に立ってくれると、何だか隣の園を見るようななつかしさが生ずる。そこでなおいくつかの雑文を取り交えて、こういう一巻の冊子を作ってみる気になったのである。

身勝手な願いと言われるかもしれぬが、私は暖かい南の方の、ちっとも雪国でない地方の人たちに、この本を読んでもらいたいのである。しかしこの前の『海南小記』などもあまりに濃き緑なる沖の島の話であったために、かえってこれを信越奥羽の読書家たちに、推薦する機会が得にくかった。当節は誰でも自分の郷土の問題に執心して、世間がわが地方をどう思うかに興味を引かれるのみならず、よそもおおよそこの通りと推断して、それなら人の事まで考えるにも及ばぬと、きめているのだからいたしかたがない。この風がすっかり改まらぬかぎり、国の結合は機械的で、知らぬ異国の穿鑿《せんさく》ばかりが、先に立つことは免れがたい。私が北と南と日本の両端のこれだけまでちがった生活を、二つ並べてみようとする動機は、その故に決して個人の物ずきではないのである。

ただこういう大切なまた込み入った問題を、気軽な紀行風に取り扱ったということは批難があろうが、どんなに書斎の中の仕事にしてみたくても、この方面には本というものが乏しく、たまにはあっても高い所から見たようなものばかりである。だから自分たちは出でて実験についたので、それが不幸にして空想のように聞こえるならば、まったく文章が未熟なためか、もしくは日本の文章が、まだこの類の著作には適しないためである。これ以上は同情ある読者の思いやりに任せるほかはない。

（昭和三年一月）

目次

雪国の春

一

支那でも文芸の中心は久しい間、楊青々たる長江の両岸にあったと思う。そうでなくともわれわれの祖先が、つとに理解し歎賞したのは、いわゆる江南の風流であった。おそらくは天然の著しい類似の、二種民族の感覚を相親しましめたものがあったからであろう。初めて文字というものの存在を知った人々が、新たなる符号を通して異国の民の心の、隅々《すみずみ》までを窺うは容易のわざでない。ことに島に住む者の想像には限りがあった。本来の生活ぶりにも少なからぬ差別があった。それにもかかわらずわずかなる往来の末に、たちまちにして彼らが美しといい、あわれと思うもののすべてを会得《えとく》したのみか、さらに同じ技巧を借りて自身の内にあるものを、いろどり形づくり説き現わすことを得たのは、当代においてもなお異数と称すべき慧敏《けいびん》である。かねて風土の住民の上に働いていた作用の、たまたま双方に共通なるものが多かった結果、いわば未見の友のごとくに、やすやすと来り近づくことができたと見るのほか、通例の文化模倣の法則ばかりでは、実はその理由を説明することがむつかしいのであった。

ゆえに日本人の遠い昔の故郷を、かのあたりに見出そうとする学者さえあったので、呉《ご》の泰伯の子孫という類の新説は、論拠がなくても起こりやすい空想であった。ひとり魚鳥のはるばると訪《おとな》い寄るもの多く、さては樹の実や草の花に、移さずしてすでに相同じいものがいくらもあったのみならず、それを養い育てた天然の乳母として、温かく湿った空気、これを通してきらきらと濡れたような日の光、豊かなる水とその水に汰《ゆ》り平らげられた土の質までが、まことによく似た肌ざわりを、いく百年ともなく両国の民族に与えていたのである。人間の心情がその不断の影響に服したのは意外でない。

その上に双方ともに、春が飽きるほど永かった。世界のいずれの方面を捜してみても、アジア東海の周辺のように、冬と夏とを前うしろに押し広げて、ゆるゆると温和の季候を楽しみうる陸地は、多くあるまい。これはもとより北東の日本半分においては、味わいあたわざる経験であったが、花の林を逍遥して花を待つ心持、または微風に面して落花の行くえを思うような境涯は、昨日も今日も一つ調子《ちょう》の、長閑《のどか》な春の日の久しく続く国に住む人だけには、十分に感じえられた。夢の蝴蝶のおもしろい想像が、奇抜な哲学を裏づけたごとく、嵐も雲もない昼の日影の中に坐して、何をしようかと思うような寂《せき》寞《ばく》が、いつとなくいわゆる春愁の詩となった。女性にあってはこれを春怨《しゅんえん》とも名づけていたが、必ずしも単純な人恋しさではなかった。また近代人のアンニュイのように、余裕の乏しい苦悶でもなかった。獣などならばただ睡《ねむ》り去って、飽満以上の平和を占有する時であるが、人には計算があって生涯の短かさを忘れる暇がないために、むしろ好い日好い時刻のあまりにかたまって、浪費せられることを惜しまねばならなかったのである。すなわちその幸福な不調和をまぎらすべく、いろいろの春の遊戯が企てられ、芸術はしだいにその間から起こった。日本人は昔から怠惰なる国民ではなかったけれども、境遇と経験とが互いに似ていたゆえに、力を労せずして隣国の悠長閑雅《ゆうちょうかんが》の趣味を知り習うことを得たのである。

二

風土と季候とがかほどまでに、一国の学問芸術を左右するであろうかをいぶかる者は、おそらくは日本文献のはなはだ片よった成長に、まだ心づいておらぬ人たちである。西南の島から進んできて内海を取り囲む山光水色の中に、年久しく栄え衰えていた人でないと、実はその美しさを感じえないような文学を抱えて、それに今まで国全体を代表してもらっていたのは、必ずしも単なる盲従ないしは無関心ではないのであった。いま一つ根本にさかのぼると、あるいはこのような柔らかな自然の間に、ことに安堵して住み付きやすい性質の、種族であったからということになるのかもしらぬが、いかなる血筋の人類でも、こういう好い土地にきて喜んで永く留まらぬ者はあるまい。まったくわれわれが珍しく幸運であって、追われたり逃げたりするような問題が少しもなく、いつまでも自分たちばかりでのんきな世の中を楽しみおうせていたうちに、なじみは一段と深くなって、いわばこの風土と同化してしまい、最早この次の新しい天地から、何か別様の清くすぐれた生活を、見つけ出そうとする力が衰えたのである。

文学の権威はこういう落ち付いた社会において、今の人の推測以上に強大であった。それを経典呪文《じゅもん》のごとくくり返し吟誦していると、いつの間にか一々の句や言葉に、型とはいいながらもきわめて豊富なる内容がついてまわることになり、したがって人の表現法の平凡な発明を無用にした。様式遵奉と模倣との必要は、たまたま国の中心から少しでも遠ざかって、山奥や海端に行って住もうとする者に、ことに痛切に感じられた。それゆえに都鄙《とひ》雅俗《がぞく》というがごとき理由もない差別標準を、みずから進んで承認する者がますます多く、その結果として国民の趣味統一はやすやすと行われ、今でも新年の勅題には南北の果から、四万、五万の献詠者を出すような、特殊の文学が一代を覆うことになったのである。

江戸のあらゆる芸術がつい近いころまで、この古文辞《こぶんじ》の約束を甘受していたことは、微笑を催すべき程度のものであった。ようやく珍奇なる空想が入ってきて片隅にうずくまっていることを許され、または荒々しい生まれの人々が、勝手に自分を表白してもよい時代になっても、やはりロシアとかフランスとかに、何かそれ相応の先型の存在することを確かめてからでないと、人も歓迎せずわれも突き出していく気にならなかったのは、おそらくはまた永年の模倣の癖に基づいている。すなわち梅に鶯、紅葉に鹿、菜の花に蝶の引続きである。しかもそれをすらなお大胆に失すと考えるまでに、いわゆる大衆文芸は敬虔至極のものであって、いま一度不必要に穏当なる前代の読み本世界にもどろうとしているのである。西ヨーロッパの諸国の古典研究などは、人の考えを自由にするのが目的だと聞いているが、日本ばかりはこれに反して、再び捕われに行くために、昔の事を穿鑿《せんさく》しているような姿がある。心細いことだと思う。だからわれわれだけは子供らしいと笑われてもよい。あんな傾向からはわざと離背しようとするのである。そうして歴史家たちにうとんぜられている歴史を捜して、もう少し楽々とした地方地方の文芸の、成長する余地を見つけたいと思うのである。

その話をできるだけ簡単にするために、ここにはただ雪の中の正月だけを説いてみるのだが、今説こうとしている私の意見は、実ははなはだ小さな経験から出発している。十年余り以前に仕事があって、冬から春にかけてしばらくの間、京都に滞在していたことがあった。宿の屋根が瓦ぶきになっていて、よく寝る者には知らずにしまう場合が多かったが、京都の時雨《しぐれ》の雨はなるほど宵暁ばかりに、ものの三分か四分ほどの間、何度となくくり返してさっと通り過ぎる。東国の平野ならば霰《あられ》か雹《ひょう》かと思うような、大きな音を立てて降る。これならばまさしく小夜時雨《さよしぐれ》だ。夢驚かすと歌に詠んでもよし、降り み降らずみ定めなきといっても風情がある。しかるに他のそうでもない土地において、受売りしてみても始まらぬ話だが、天下の時雨の和歌は皆これであった。連歌俳諧も謡《うたい》も浄瑠璃《じょうるり》も、さては町方の小唄《こうた》の類にいたるまで、滔々《とうとう》としてことごとく同じようなことをいっている。また鴨川《かもがわ》の堤の上に出て立つと、北山と西山とにはおりおり水蒸気が薄く停滞して、峰の遠近に応じて美しい濃淡ができる。ははア春霞というのはこれだなと初めてわかった。それがある季節には夜分まで残って、いわゆるおぼろおぼろの春の夜の月となり、秋は昼中ばかり霧が立って、柴舟下る川の面を隠すが、夜は散じて月さやかなりとくるのであろう。いわば日本国の歌の景は、ことごとくこの山城《やましろ》の一小盆地の、風物にほかならぬのであった。ご苦労ではないか、都にきても見ぬ連中まで、題を頂戴してそんな事を歌に詠じたのみか、たまたまわが田舎の月時雨が、これと相異した実況を示せば、かえって天然が契約を守らぬように感じていたのである。風景でも人情でも恋でも述懐でも、常にこのとおりの課題があり、常にその答案の予期せられていたことは、天台の論議や旧教のカテキズムも同様であった。だから世にいうところの田園文学は、今にいたるまでかさぶたのごとく村々の生活を覆うて、自由なる精気の行き通いをさえぎっているのである。

三

白状をすれば自分なども、春永く冬暖かなる中国の海近くに生まれて、このやや狭隘《きょうあい》な日本風に安心しきっていた一人である。本さえ読んでいればしだいしだいに、国民としての経験は得られるように考えてみたこともあった。記憶の霧霞の中からちらちらと、見える昔は別世界であったが、そこには花と緑の葉が際限もなく連なって、雪国の村に住む人が気ぜわしなく、送り迎えた野山の色とは、ほとんど似もつかぬものであったことを、互いに比べてみるおりを持たぬばかりに、永く知らずに過ぎていたのであった。七千万人の知識の中には、こういう例がまだいくらもあろうと思う。故郷の春と題してしばしば描かれるわれわれの胸の絵は、自分などにまっ先きに日のよく当たる赤土の岡、小松まじりのつつじの色、雲雀《ひばり》が子を育てる麦畠の陽炎《かげろう》、里には石垣のたんぽぽやすみれ、神の森の木の大がかりな藤の紫、今日からあすへの境目も際立たずに、いつの間にか花の色が淡くなり、樹蔭が多くなっていく姿であったが、この休息ともまた退屈とも名づくべき春の暮れの心持は、ただ旅行をしてみただけでは、おそらく北国の人たちには味わいえなかったであろう。

北国でなくとも、京都などはもう北の限りで、わずか数里を離れたいわゆる比叡の山蔭になると、すでに雪高き谷間の庵である。それから嶺を越え湖を少し隔てた土地には、冬籠りをせねばならぬ村里が多かった。

丹波《たんば》雪国積《つも》らぬさきに
つれておでやれうす雪に

という盆踊りの歌もあった。これを聞いても山の冬の静けさ寂しさが考えられる。日本海の水域に属する低地は、一円に雪のために交通がむつかしくなる。伊予《いよ》に住み馴れた土居《どい》・得能《とくのう》の一党が、越前に落ちて行こうとして木《き》ノ目峠《めとうげ》の山路で、悲惨な最期《さいご》をとげたという物語は、『太平記』を読んだ者の永く忘れえない印象である。総体に北国を行脚《あんぎゃ》する人々は、冬のまだ深くならぬうちに、何とかして身を容《い》れるだけの隠れがを見つけて、そこに平穏に一季を送ろうとした。そうして春の返ってくるのを待ちこがれていたのである。越後あたりの大百姓の家には、こうした臨時の家族が珍しくはなかったらしい。われわれのなつかしく思う菅江真澄《すがえますみ》*なども、暖かい三河の海近い故郷を、二十八、九のころに出てしまって、五十年近くの間秋田から津軽、外南部から蝦夷《えぞ》の松前まで、次から次へ旅の宿を移して、冬ごとに異なる主人と共に正月を迎えた。山路、野路を一人行くよりも、長いだけにこのほうがいっそう心細い生活であったことと思われる。

汽車の八方に通じている国としては、日本のように雪の多く降る国も珍しいであろう。それがいたる所深い谿《たに》をさかのぼり、山の屏風を突き抜けているゆえに、かの、

黄昏《たそがれ》や又ひとり行く雪の人

の句のごとく、おりおりは往還に立ってじっと眺めているような場合が多かったのである。停車場には時としては暖国から来た家族が住んでいる。雪の底の生活に飽き飽きした若い人などが、何という目的もなしに、鍬を揮《ふる》うて庭前の雪を掘り、土の色を見ようとしたという話もある。鳥などは食に飢えているために、ことに簡単な方法で捕えられた。二、三日も降り続いた後の朝に、一尺か二尺四方の黒い土の肌を出しておくと、何の餌も囮《おとり》もなくてそれだけで鵯《ひよどり》や鶫《つぐみ》が下りてくる。大隅《おおすみ》の佐多とか土佐の室戸《むろと》とかの、茂った御崎山《みさきやま》の林に群れてさえずりかわしていたものが、わずかばかり飛び越えるともうこのような国に来てしまうのである。

われわれの祖先がかつて南の海端に住みあまり、あるいは生活の闘争に倦《う》んで、今一段と安泰なる居所を求むべく、地続きなればこそ気軽な決意をもって、流れを伝い山坂を越えて、次第に北と東の平野に降りて来た最初には、同じ一つの島がかほどまでに冬の長さを異にしていようとは予期しなかったに相違ない。幸いにして地味《ちみ》は豊かに肥え、労少なくして所得はもとの地にまさり、山野の楽しみも夏は故郷よりも多く、妻子眷属《けんぞく》とともにいれば、再び窮屈な以前の群れに、帰って行こうという考えも起こらなかったであろうが、秋のあわただしく暮れ春の来ることのおそいのには、定めてしばらくの間は大きな迷惑をしたことと思う。十和田などは自分が訪ねてみた五月末に、雪を分けてわずかに一本の山桜が咲こうとしていた。越中の袴腰峠《はかまこしとうげ》、黒部山の原始林の中では、ともに六月初めの雨の日に、まだ融けきらぬ残雪が塵をかぶって、路の傍に堆《うずたか》く積んでいた。旧三月の雛の節句には、桃の花はなくとも田の泥が顔を出していると、奥在所の村民は来てみてこれを羨んだ。春の彼岸の墓参りなどにも、心当りの雪を掻きのけて、わずかな窪みを作って香花《こうげ》を供えて帰るという話が、越後南魚沼《みなみうおぬま》の町方でも語られている。あの世に行って住む者にも寂しいであろうが、この世同士の親類朋友の間でも、たいていの交通は春なかばまで猶予せられ、他国に旅する者の帰ってこぬことにきまっているはもちろん、相互いに燈の火を望みうるほどの近隣りでも、無事に住んでいることが確かなかぎりは、訪《おとな》い訪われることが自然に稀れであった。峠の双方の麓の宿場《しゅくば》などが、雪に中断せられて二つの嚢《ふくろ》の底となることは、常からの片田舎よりもなおいっそう忍びがたいものらしい。だからめいめいの家ばかりを最も暖かく、なるだけ明るくして暮らそうとする努力があった。親子兄妹が疎《うと》み合うては、三月、四月の冬籠りはできぬゆえに、誰しもこの小さな天地の平和を大切にして、いつかは必ずくる春を静かに待っている。こういう生活が寒い国の多くの村里では、ほぼ人生の四分の一を占めていたのである。それが男女の気風と趣味習性に、大きな影響を与えぬ道理はないのであるが、雪が降れば雪見などと称して門を出でて山を望み、もしくは枯柳の風情を句にしようとする類の人々には、ちっとも分らぬままで今までは過ぎてきたのである。

四

燕《つばめ》を春の神の使いとして歓迎する中部ヨーロッパなどの村人の心持は、似たる境遇に育った者でないと解しにくい。雪が融けて初めて黒い大地が所々に現われると、すぐにいろいろの新しい歌の声が起こり、黙して草むらの中や枝の蔭ばかりを飛び跳ねていたものが、ことごとく皆急いで空にあがり、または高い樹の頂上にとまって四方を見るのだが、その中でも今まで見かけなかった軽快な燕が、わざわざ駆け回って、幾度かわれわれをして明るい青空を仰がしめるのを、人は無邪気なる論理をもって、緑がこの鳥に導かれてもどってくるもののごとく考えたのである。春よ帰ってきたかのただ一句は何度くり返されても胸を浪打たしむる詩であった。嵐、吹雪《ふぶき》の永い淋しい冬籠りは、ほとほと過ぎ去った花のころを忘れしめるばかりで、もしか今度はこのままで雪の谷底に閉ざされてしまうのでないかというような、小児に近い不安を味わっていた太古から、引続いて同じ鳥が同じ歓喜をもたらしていたゆえに、これを神とも幸運とも結びつけて、飛び姿を木に刻み壁に画《えが》き、寒い日の友と眺める習いがあったのである。そうしてこれとよく似た心持は、また日本の雪国にも普通であった。

すなわちかくのごとくにしてようやくに迎ええたる若春の喜びは、南の人のすぐれたる空想をさえも超越する。例えば奥羽《おうう》の所々の田舎では、碧く輝いた大空の下に、風はやわらかく水の流れは音高く、家にはじっとしておられぬような日が少し続くと、ありとあらゆる庭の木が一せいに花を開き、その花盛りが一どきに押し寄せてくる。春の労作はこの快い天地の中で始まるので、袖を垂れて遊ぶような日とては一日もなく、惜しいと感歎している暇もないうちに、艶麗な野山の姿はしだいしだいに成長して、白くどんよりとした薄霞の中に、桑は伸び麦は熟していき、やがて閑古鳥《かんこどり》がしきりに啼いて、水田苗代《なわしろ》の支度を急がせる。このいきいきとした季節の運び、それと調子を合わせていく人間の力には、実は中世のなつかしい移民史が隠れている。その歴史をしみ透ってきた感じが人の心を温めて、旅にあっては永く家郷を思わしめ、家にいては冬の日の夢を豊かにしたものであったが、単に農人が文字の力を傭《やと》うことをしなかったばかりに、その情懐は久しく深雪の下に埋もれて、いまだ多くの同胞の間に流転することを得なかったのである。

五

そうしてまた日本の雪国には、二つの春があって早くから人情を錯綜せしめた。ずっと南の冬の短い都邑《とゆう》で、編み上げた暦が彼らにも送り届けられ、彼らもまた移ってきて幾代かを重ねるまで、その暦の春を忘れることができなかったのである。全体日本のような南北に細長い山がちの島で、正朔《せいさく》を統一しようとすることが実は自然でなかった。わずかに月の望《もち》の夜の算《かぞ》えやすい方法をもって、昔の思い出を保つことができたのである。しかるに新しい暦法においては、さらに寒地の実状を省みることなくして、また一月余の日数を去年から今年へくり入れたのである。これが西洋の人のするように、正月を冬と考えることができたならば、その不便もなかったのかしらぬが、祖先の慣習は法制の感化をもって自然に消滅するものと予測して、なまじいに勧誘を試みようとしなかったために、ついにこういう雪国においても、なお正月はすなわち春と、かたく信じてかわらなかったのである。

東京などでも三月に室《むろ》咲きの桃の花を求めて、雛祭りをするのをわびしいと思う者がある。去年の柏《かしわ》の葉を塩漬にしておかぬと、端午《たんご》の節供《せっく》というのに柏餅《かしわもち》は食べられぬ。九月は菊がまだ見られぬ夏休の中なので、もう多くの村では重陽《ちょうよう》を説くことをやめた。盆も七夕《たなばた》もその通りではあるが、わずかに月送りの折合いによって、なれぬ闇夜に精霊《しょうりょう》を迎えようとしているのである。しかし正月となるとさらにいま一段と大切なる賓客が、雪を踏み分けて迎えられねばならなかった。正月さまとも歳徳神《としとくじん》とも福の神とも名づけて、一年の福運を約諾《やくだく》したまうべき神々がそれであった。暦の最初の月の満月の下において、ぜひとも行われねばならぬ儀式がいくつでもあった。人も知るごとくこれらの正月行事は、一つとして農に関係しないものはなかった。冬を師走《しわす》の月をもって終わるものとして、年が改まれば第一の月の三十日間を種籾《たねもみ》よりも農具よりも、はるかに肝要なる精神的の準備に、ささげようとしたのであって、すなわち寅《とら》の月をもって正月と定めた根源は、昔もやはり温かい国の人の経験をもって、寒地の住民に強いたことは同じであった。たくさんのけなげなる日本人は、その暦法をかたく守りつつ、雪の国までも入ってきた。白く包まれた広漠の野山には、一筋も春のきざしは見えなかったけれども、神はなお大昔の契約のままに、定まった時をもってお降りなされることを疑わず、すなわち冬籠りする門の戸を押し開いて、欣然《きんぜん》としてまぼろしの春を待ったのである。

もしも新たに自分のために発明するのであったら、おそらくこのような不自然、不調和を受け入れることはしなかったであろう。辺土の住人が世間の交わりが絶えると、心安い同士の間には身だしなみの必要もなくて、鬚《ひげ》を構わなかったり皮衣《かわごろも》を着たり、何か荒々しい風貌を具えてくるのを見て、時としては昔袂《たもと》を別った兄弟であることを忘れようとする人たちもあるが、かりに何一つ他には証拠のない場合でも、かほどまでも民族の古い信仰に忠実で、天下すでに春なりと知る時んば、わが家の苦寒は顧みることなく、また何人の促迫をも待たずして、冬のただ中にいそいそと一年の農事の支度にとりかかる人々が、別の系統から入ってきた気づかいはない。

あるいは今日の眼から見れば、そんなにまで風土の自然に反抗して、本来の生活様式を墨守するにも及ばなかったのかもしれぬが、同じ作物同じ屋作りの、いずれも南の島にのみ似つかわしかったものを、とにかくにこの北端の地に運んできて、辛苦の末にようやく新たなる環境と調和せしめたのみか、なおできるならばシベリアにもカムチャツカにも、はた北米の野山にも移してみようとする、それがむしろ笑止なるこの国人の癖であった。かつて中央日本の温和の地に定着して、こんなによく調和した生活法がまたとあろうかと喜んだ満足が、あるいは無用に自重心を培養した結果でもあろうか。何にもせよ暦の春が立返ると、西は筑紫《つくし》の海の果から、東は南部・津軽の山の蔭に及ぶまで、多くの農民の行事がほとんどわずかの変化もなしに、一時一様に行わるるは今なお昨《きのう》のごとくであって、しかも互いに隣県に同じ例のあることも知らぬらしいのは、すなわちまたこれらの慣習の久しい昔から、書伝以外において持続していたことを意味するものでなくて何であろう。

六

ここにその正月行事の一つ一つを、別挙してみることは自分にはむつかしいが、例えば田畠を荒らそうとするいろいろの鳥獣を、神霊の力の最も濃《こま》やかなりとした正月望《しょうがつもち》の日に、追い払うておく一種の呪法がある。鳥追いの唄の文句には後に若干の増減があったが、ムグラモチを驚かす槌《つち》の子の響き、肥桶《こえおけ》のきしみ、これに付け加えた畏嚇《いかく》の語のごときは、北も南も一様に簡明であって、ただ奥羽・越後の諸県では凍った雪の上を、あるくばかりが西南との相違である。この日の小豆粥《あずきがゆ》を果樹に食べさせ片手に鎌・鉈などをとって、恩威二つの力をもってなるかなるまいかを詰問する作法なども、雪国の方の特色といえば、雪が樹の根にうずたかくして、真の春になってから粥を与えた鉈の切口が、手の届かぬほどの高い所になっているというだけである。囲炉裏《いろり》の側において試みられる火の年占《としうら》が、あるいは胡桃《くるみ》であり栃《とち》の実であり、また栗であり大豆であり、粥《かゆ》占《うら》の管として竹も葦も用いられているのは、単に手近にあるものを役に立てるというのみである。粟穂《あわぼ》稗穂《ひえぼ》の古風なるまじないから、家具農具に年を取らせる作法までが一つであった。綱曳《つなひき》の勝負もまた年占の用に供せられた。二種の利害の相容《い》れぬものが土地にあれば、優劣の決定を自然に一任して、これを神意と解したのであるが、もし一方にかたよった願いがあるとすれば、結局は他の一方が負けることに仕組まれてあった。雪深き国の多くの町で正月十五日にこれを行う他に、朝鮮半島においても同じ日をもってこの式があり、南は沖縄八重山《やえやま》の島々にも、日はちがうが全然同じ勝負が行われていた。あるいは同じ穀祭の日に際して、二人の若者が神に扮《ふん》して、村々の家を訪れる風が南の果の孤島にもあった。本土の多くの府県ではその神事がややゆるみ、今や小児の戯れのごとくなろうとしているが、これもまた正月望の前の宵の行事で、あるいはタビタビ・トビトビといい、またはホトホト・コトコトなどと、戸をたたく音をもって名づけられているという差があるのみで、神の祝言を家々にもたらす目的はすなわち一つである。福島・宮城ではこれを笠鳥《かさどり》とも茶せん子とも呼んでいる。それがいま一つ北の方に行くと、かえって古風を存することは南の海の果に近く、敬虔なる若者は仮面をかぶり藁の衣裳をもって身を包んで、神の語を伝えに来るのであって、ことに怠惰逸楽の徒を憎み罰せんとするゆえに、これをナマハギともナゴミタクリとも、またヒカタタクリとも称するのである。閉伊《へい》や男鹿《おが》島の荒蝦夷《あらえびす》の住んだ国にも、入れ代わってわれわれの神を敬する同胞が、早い昔から邑里を構え、満天の風雪を物の数ともせず、伊勢の暦が春を告ぐるごとに、出でて古式をくり返して歳の神に仕えていたなごりである。

初春の祭のさらに著しい特徴には、異国のクリスマスなども同じように、神の木を飾り立てる習いがあって、これも広く全国にわたって共通であった。餅・団子の根本の用途は、主としてこの木の装飾にあったかとさえ思われる。飾ると言うよりもその植物の実を用い姿をかりて、一年の豊熟を予習せしめようとするのであって、すなわち一種のかいあやかりの法術であった。今日は最初の理由も知らず、単にこの木を美しく作り立てる喜ばしさのみを遺伝している。家の内の春はこの木を中心として栄えるが、さらに外に出ると門口にも若木を立て、それから田に行ってもまた茂った樹の枝を挿して祝した。この枝の大いに茂るごとく、夏秋のみのりも豊かなれと祈願したものであるが、雪の国では広々とした庭先に畝《うね》を劃《かく》して、松の葉を早苗に見立て田植のわざをまねるのが通例であった。稲はもと熱帯野生の草である。これを瑞穂《みずほ》の国に運び入れたのが、すでに大いなる意思の力であった。いわんや軒に届くほどの深い雪の中でも、なお引続いてその成熟を念じていたのである。されぱこそ新しい代になって、北は黒竜江の岸辺にさえも、米を作る者ができてきたのである。信仰が民族の運命を左右した例として、われわれにとってはこの上もない感激の種である。

山の樹の中では松の葉が最も稲の苗とよく似ている。雪に恐れぬ緑の色をめでて、前代の北方人が珍重したのも自然であるが、しかもかような小さな点まで、新たなる作法の発明でなかったことは、正月の祭に松を立てるという慣習の、この方面のみに限られていなかったのが証拠である。子《ね》の日と称して野に出でて小松を引き、これを移植する遊びは朝家にも採用せられた。ただし大宮人が農事にはうとかったために、何の目的をもって小松を引き栽《う》えるかまでは、歌にも詩にもいっこうに説いていないが、たぶんは山城の都の郊外にも、これを農作の呪法とした農民が住んでいたのである。北日本の兄弟たちは、ただその習俗を携えつつ、北へ北へと進んでいったのである。

しかし雪国の暦の正月には、月は照っても戸外の楽しみは少なかった。群れの力と酒の勢いとを借りて、ある程度までは寒さと争ってはいるが、後には家の奥に引込んで、物作りの樹の周囲に笑いさざめくの他はなかった。そうしてこれらの行事が一つ一つ完了して、再び真冬の寂しさに復帰することは、馴れて後までもなお忍びがたいことであったろうが、幸いにして家の中には明るい囲炉裏《いろり》の火があり、その火のまわりにはまた物語と追憶とがあった。何もせぬ日の大いなる活動は、おそらくは主として過去の異常なる印象と興奮との叙述であり、また解説であったろうと思う。すなわち冬籠りする家々には、古い美しい感情が保存せられ培養せられて、つぎつぎの代の平和と親密とに寄与していたのである。その伝統がゆくゆく絶えてしまうであろうか。はたまた永く語りえぬ幸福として続くかは、結局は雪国に住む若い女性の、学問の方向によって決定せられ、彼らの感情の流れ方がこれを左右するであろう。男子がだんだんと遠い国土について、考えねばならぬ世の中になった。雪国の春の静けさと美しさとは、永く彼らの姉妹の手に、その管理を委托せられているのである。

（大正十四年一月「婦人の友」）

『真澄遊覧記』を読む

一

菅江真澄《すがえますみ》、本名は白井英二秀雄、天明の初年に二十八で故郷の三河国を出てしまってから、出羽《でわ》の角館《かくのだて》で七十六歳をもって歿するまで、四十八回の正月を雪国の雪の中で、つぎつぎに迎えていた人である。この人の半生の旅の日記が、後に『真澄遊覧記』と題せられて、今は七十巻ばかり、散在して諸国の文庫に残っている。非常に精密な彩色の自筆画が添えられ、それを文章の説明の補助にしたために、かえってこの紀行の流布を妨げた形のあったのは、この親切なる平民生活の観察者に対して、言おうようもない不本意なことであった。

久しい以前より自分はこの人の旧知の家を尋ね、ことに三河の本国の村里を物色して、どうしてこういう寂しくもまた骨折な生涯の旅行が始まったかを知ろうとしているのだが、まだ生まれた家の所在すらも明らかにならぬ。くり返して彼の紀行を読んでみると、何かあの時代としては珍しい事情があって、かかる遠国の大雪の底に、空しく親を思う百篇の歌を、埋めるにいたったことは想像しえられるが、『遊覧記』はそういう身の上話をするような私事の日記ではなかったのである。「雪国の春」を校正する片手に、ふと心づいて拾い読みに、再びいくつかの巻の正月の条を出してみたが、精彩ある村々の初春行事よりも、なお鮮かに自分の眼に浮かぶのは、囲炉裏《いろり》の片脇に何の用もなくて、ぽつんとして見ていた菅江真澄の姿である。年越の宵暁は主人は神祭りに、刀自《とじ》は食べ物の用意に余念もない時刻であって、今年ばかりの遊歴の文人に、手伝ってもらう仕事は一つもないばかりか、おちおちと話の相手になる者もあったはずがないのである。外がきらきらと晴れた日でもあれば、出でて山を望み雀の声を聞きもしたが、吹き荒れている時はしようこともない。回礼の客人には気楽な話ずきがあっても、真澄は酒のきらいな幾分かきまじめな人であった。故郷の新年を考え出さずにはおられなかったことと思う。

二

『遊覧記』初巻の「伊那の中路」によれば、天明三年の春までの紀行は、ある渡し場の舟が覆《くつがえ》って、流してしまったといっている。

天明四年の正月は信州の諏訪《すわ》近くで迎えたらしい。「諏訪の海」という一巻の紀行があったというが、これはまだどこからも出てこない。この六月には洗馬《せば》から出発して、戸隠《とがくし》に参詣して七月末に北信に向かったことが、「来目路《くめじ》の橋」というのに詳しく記してある。それから越後を通って九月にはもう羽前の鼠《ねず》ケ関に来ているから、この地では腰を落ち付けて休む家もなかったのである。「鰐田《あきた》の刈寝《かりね》」は九月以後の日記である。羽黒の三山に登って酒田に出で、吹浦《ふくうら》、象潟《きさがた》を見物して矢島に入り、鳥海《ちょうかい》の北麓では十月もまだ月始めに、はやひどい風雪に遭っているのである。それから山を越えて雄勝《おかち》郡の西馬音内《にしもない》に遊び、次の月には柳田村の草薙《くさなぎ》氏の家で、引留められて冬を過ごすことになった。道を行く男女目すだれというものを掛けて、雪に眼を傷めることを防ぐと書いてある。

雪の正月の第一回の記録は、この雄勝郡の柳田から始まっている。「小野の古里」というのがその日記の名であった。東海道の故郷の村と比べると、異なった風習がいくつともなく目についた。粟穂稲穂は信州などともちがって、この辺のは餅をもってその形を作った。オカの餅というのが奥羽の各地の習いであったが、餅を瓢箪《ひょうたん》の形に中凹みに平めて、家内の男子の数だけこしらえて神に供えた。歳棚《としだな》の上ではオケラという植物の根をたき、その煙を衣類などにたきこめて、悪い病を除けるというしきたりがあった。痩《やせ》七日の粥《かゆ》の日には村の内の子供たちが、祝言を述べて物をもらいにくる風があった。痩馬《うま》と名づけて松の葉に少しの穴銭を貫き、この馬痩せて候と言って与えたとある。十四日の晩は「又の年越」といって、門ごとの雪に柳の枝を折って挿した。次の朝の鳥追いは他の地方も同じであったが、この辺では餅花を鳥追菓子と名づけて、犬・猫・花・紅葉いろいろの形に彩色した餅を、重箱に入れて互いに贈答した。夜に入ってからは例の十二ヶ月の年占があった。この辺で行われた方式の一つは、田結びと称して十二本の藁《わら》をにぎり、その中ほどを隠して端の方を二本ずつ結び合わせる。偶然に長く繋がるのを田が広いといって、その年豊作の兆として喜んだとある。餅焼きというのももとは年占であったろうが、もうこのころからこれを縁結びの戯れに応用している。餅を小さく切って男女を定め、それを炉の片脇に並べておくと、焼けてふくれていつとなく近づくのを、それ男が寄ってきたとかこれは女の方から手を出したとかいって、娘たちが笑いどよめいたと書いてある。焼餅を焼くという語が嫉妬を意味するのも、たぶんは昔行われたこの遊戯がもとであろう。

三

この天明五年は真澄が一生の中でも、最も多く旅行した年であった。四月も終りに近く野は霞み郭公《かっこう》のしきりに鳴くころに、彼は雄勝の詞友たちと別れて、川岸伝いに北をさして旅立った。夏はおそらく久保田の城下にいたろうと思うが、その日記もまだ出てこない。「外が浜風」「けふのせば布」の二書は、この八月初めから二ケ月の旅中記であるが、彼はその間に津軽を一巡し、再び引っ返して北秋田鹿角《かづの》から、嶺を東に越えて北上川の岸を、江刺郡の岩谷堂《いわやどう》の近くまで下っている。これはわが旅人の鋭気の盛り、北の世の中の極端に悪いころであって、いろいろと心を動かす話があるのだが省略する。次の天明六年は南部領で正月をしたはずであるが、この一年余りは事蹟が伝わっておらぬ。秋の末から冬にかけての日記は、「雪の胆沢辺《いさわべ》」という簡単な一冊が残っている。師走の雪のころまで、一ノ関近くの山の目の大槻氏、胆沢郡徳岡の村上氏の家などにいたというので、七年の正月もここで迎えたことと想像するばかりである。

天明七年にはさらに陸前に入って来て、石巻から松島、仙台までも見物をした様子だが、これも記録がはたしてあるかどうか。現在まではまだ少しも知られておらぬ。とにかくにこの暮れのうちにはもう胆沢郡に引っ返していた。そうして旧知の村上家に客となって、次の初春を迎えたことは、「霞む駒形」という一巻が見つかったために、このごろようやく明らかになったのである。

四

徳岡は自分の地図には見えぬが、前沢の町に近い小部落の名であった。こういう村々の百四十年前の正月が、目に見るように詳しく伝わったのは、珍重すべきことだと思う。二日の朝は子供たちが年礼にくるのに、痩馬と称して松の小枝に銭をさして与えることは、出羽の雄勝の村も同様であって、この辺ではこれを戯れて馬に乗せるといっていた。明きの方ということは雷さまの年を越した方角のことで、それによって村老はまた田作りの豊凶を卜《うら》した。年を越すとは昨冬の雷鳴が、その方面に聞こえたということと思うが、近世の暦の八将神《はっしょうじん》のもののしい名前なども、やはりこういう民間の古い習わしから、出ていたことが考えられるのである。三日は申《さる》の日であったので、家々の馬を引き出して遊ばせた。駒形山信仰の支配する土地だけに、馬の神の祭はおろそかでなかった。六日が節分で豆焼きの灰占《はいうら》は炉端に行われた。豆をまくことも他の地方と同じであったが、この辺の唱え詞は、

　天に花さけ地にみのれ
　福は内へ鬼は外へ

というのであった。今でもそういう老人などがあるかどうか。尋ねてみたならばおもしろいであろう。七日の朝はこの土地では白粥《しらがゆ》に豆を入れたもので、七草をはやすというのはいろいろの食器を俎板《まないた》に置いて、それをマワシ木（擂木）でたたくことであった。若菜を得る途は雪の村にはなかったのである。十一日はハダテと称して、仕事初めの日であった。雪の上に畝を立てて、薄《すすき》の穂や藁《わら》などを早苗《さなえ》に挿し、ああくたびれたと冗談

をいう者もあれば、小苗打ちどうしたなどと小児らに戯れて、歌をうたいまた酒を飲んだ。

いわゆるカセギドリのやってくるのは、この村などでは十二日の午前からであった。ケンダイと称する藁製の蓑笠を着た様子から、鶏のことだと考えていた者が多く、逃げて帰るときにケケロと鳴いてみたり、他村の群れと途中で逢った時は、雌鳥か雄鳥かとまず尋ねて、雄鳥といえば蹴合いをしようといって摑み合い、雌鳥と答えば卵を取ろうといってもらった餅を奪い合った。主人が憎まれている家ばかりはカセギドリの若い者が入ってきてあばれ、厩《うまや》の前にある木櫃を伏せて、杖でその底を突き立ててスワクエスワクエといった。その言葉の意味はもう不明になったが、なお老人たちはこの訪問者の服装が案山子《かかし》とよく似ており、その身に着けた鳴子、鳴りがね、馬の鈴、木貝と名づくるラッパのような楽器などが、鳥追い、鹿追う秋の田の設備と同じいのを見て、これは田の神の姿であり、スワクエはその呪文のごときものなることを、想像していたらしい様子である。この役はたいてい若い男が、願掛けまじないのために勤めるものであった。例えば重病で死にかかった者などが、幸いに本復しますれば来年はカセギドリに出ますといって、村の鎮守の社に祈るのは普通であって、それゆえにおりおりは三十から四十に近い人が、この群れに加わって餅もらいにくると記してある。十五日は黄金餅と称して、粟の餅をつく習いがあった。家によっては十一日の物ハダテすなわち雪の上の田植を、この朝執り行う例もあった。山畠の雪の中に高い柱を立て、一方には杭を打ってその間に縄を張り、ヒサグワクという麻糸の糸巻、瓢簞《ひょうたん》などをつり下げた所もあった。杭の頭には古草履、古藁鞋《わらぐつ》の類を、いくらともなく縛りつけてあったという。

五

こうして端から書き抜くと長くなるが、真澄のように方々の正月を、一人で見てあるいた人はないのだから、ことにその観察には教えられることが多い。仙台の近村で今も行わるる田植踊り、いわゆる弥十郎・藤九郎のエンブリ摺《す》り一行は、徳岡の村では十八日の朝やってきた。本来はカセギドリの群れから分化したものと、自分らは推測しているのだが、もうこの時代からこの地方でも伎芸となって、これを業とした部曲があったらしい。田植の祝言の中には注意すべき文句が多かった。例えば早乙女には妊娠を喜んだ心持が述べてある。田人の一行の中には瓢簞の片割れに、眼鼻を彫り白粉を塗ったものを、被ってくる者もあったという。ついこの間幸田《こうだ》先生から朝鮮のヒョットコだといって贈られたのが、やはりこの瓠《ひさご》製の素朴なものであった。この箇条を読んだのはあたかもその次の日であって、思わず顧みて棚の上の朝鮮の面と、顔を見合わせて笑ったことであった。

この年の日記にはまだいろいろの話の種があるが、前を急ぐゆえに今は皆省略する。次の寛政元年は陸中の東山、大原の近くなどで正月をしたものであろうか。夏に入って六月の上旬にいよいよこの辺を立って、再び北上の路に就いた。その紀行が「岩手の山」である。野辺地《のへじ》の馬門《まかど》から狩場沢《かりばさわ》へ、南部領から津軽領へ、入ってきたのが七月六日、それから青森を過ぎ内湾の岩づたいに、三廏《みうまや》から宇鉄《うてつ》へ出て便船を求め、盆の魂迎えに飢饉で死んだ親姉の名を、しきりに呼んでいる夜半の時刻、松前をさして渡海したことが、「外が浜づたひ」という一巻には述べてある。

松前滞在の日記は五種ほど今あるが、その間がきれていて踪跡が明らかでない。彼とやや似た境遇の漂泊者が、あるいは信仰を種とし、あるいは文学によって、幽かに生活の便宜を得ていたこと、口蝦夷《くちえぞ》の外部文化に触れているアイヌらが、なお半ばは仙人のごとく取り扱われていたことなど、新しい印象はいくつもあるが、ことに珍しいのは松前城下の正月の記事であった。

それは寛政四年子《ね》の春の日記で、標題を「千島の磯」と記している。この時は真澄は大館山《おおだてやま》の麓の、天神社の脇に借宅をして、寂しい独身生活をしていたが、あまりに雪が深いので外の正月も森閑として、おりおりは城内の士人の歌の会などに往来しても、目につくような街頭の行事はなかったようである。五日には城中に万歳《まんざい》を舞わしめらるべしとあって、おりふし来合わせて冬籠りをする旅役者沢田の某という者が、臨時に万歳になって召されたと記してある。十四日の宵のみは町家にも儀式があった。子供が手に持って唱え言を述べあるく短い杖を、松前ではゴイハイ棒といった。すなわち羽後飛島《とびしま》のヨンドリ棒、越後の道祖神などと一つのもので、古くからこの方式ばかりは日本人が、いかなる雪の国にも持って行かずにはいられなかったことが想像せられる。

六

この寛政四年の十月始めには、まる三年の蝦夷《えぞ》滞在を終わって、引っ返して外南部の奥戸《おこつべ》の湊に上陸した。それから二年半ほどの間が、下北半島の小天地の生活であった。この地方の正月記事は幸いに「奥の手振《てぶり》」という寛政六年のものが、ほとんどこれをわれわれに伝えんとして用意しておいたかのごとく、画も文章も完備して残っている。奥州の果まで来てみると、いよいよ盆と正月との二つの行事が、もとは毎半年にくり返された同じ儀式であったことがわかる。除夜にはサイトリカバといって、白樺《しらかば》の皮を門火《かどび》に焚くことは、他の山国の盆の夕も同じであった。年棚にはミタマの飯というものを作って、祖先の霊にささげた。真澄も手づからその土地の風を習ってそうしたといっている。節分の豆まきには松の葉と昆布の刻んだのをまじえて撒《ま》いた。松は門にも立てたらしいが、まず一本を家の内の大柱に結んで立て、それに餅だの鮭の魚だのを供えた。南部には私大《わたくしだい》があって一日ずつおくれ、七草はすなわち八日の日の行事であった。塩に貯蔵した筍《たけのこ》と芹《せり》の葉を入れたとある。十一日はやはり仕事始めで、大畑の湊には船玉の祝があり、初町が立って塩と飴と針とを売った。

十三日には目名《めな》という村の獅子舞が来て家々をまわった。熊野のお札と御幣とを中に立てて山伏が演ずる純乎《じゅんこ》たる祈禱の式であった。獅子頭《ししがしら》は瓢箪を口にくわえて、その中から水を散らしたり、または柱や障子を嚙みまわる真似をして、

此屋の四方のます鏡

いのれば神もいわいとどまる

などと、声々に唱えたと記している。十四日の夕方になると、ここでも胆沢あたりとよく似たカセギドリがやってくる。春田打つ男の人形を作って、これを盆に載せて手に持った少年が、

春の初めにかせぎとりが参りた

といいながら入ってきて、「どちの方から、明きの方から」という問答の後に、餅などをもらって帰って行った。関東以西の柊《ひいらぎ》の枝に鰯の頭は、節分の夜の行事となっているが、ここではこの十四日の年越に、魚の鰭《ひれ》、魚の皮などをこがして餅とともに串に刺し、すべての入口、窓という窓に挿んで、それをやはりまたヤラクサと呼んでいた。つまり臭気ある物をもって、鬼を追い返そうという目的に出たのである。八戸《はちのへ》などでいうエン

ブリを、この辺では仙台などと同じに田植といっている。十五、六日の二日、幾群れともなく廻ってきた。朳《えぶり》を摺る男の名を藤九郎といい、謡う歌は田植唄であった。

　正月のごいわいに
　松の葉を手に取り持ちて、祝うなるものかな
　これは誰がほうたんだ
　えもとさえもがほうたんだ
　一本植えればせんぼになる
　かいとの早稲の種かな、ほい〳〵

と唱えてそのエンブリを摺った。松前でゴイハイ棒といったのも、たぶんは同じ田植舞が、かの地に移されていたものであった。十五日に女の子が雛を祭る習いがある。これも松前と似ていると記してある。注意すべき古風である。

七

　この地でいま一回の正月を過ごして、翌寛政七年の三月半ばに、われわれの旅人は外南部を去ったようである。近年中道等《なかみちひとし》君の発見した『津軽の奥』*という一巻には、野辺地の馬門から関所を越えて、狩場沢《かりばさわ》・小湊《こみなと》と海沿いの往還を、久しぶりに通ったとい

う紀行の次に、浅虫の温泉で正月をしたという日記があって、それが同八年のことであった。ただしこの時は湯の宿の閑居であったために、やや世間にうとく歌ばかり多く詠んでいるが、それでも付近の農民が十一日の仕事初めに、肥しを田畠に引く儀式が、いかにも実際的なまじないであることを記したほかに、十三日からは小湊の町に遊びに来て、詳しく小正月の行事を見ている。この朝は粥がすんで後に、例の雪の上の田植があった。下北半島のヤラクサの代りに、小湊で行う儀式は節分の豆まきの起原を思わしめる。すなわち酒の糟《かす》と糠《ぬか》と豆の皮と、この三つの品を桝《ます》に入れて、次の詞を唱えつつ家の周囲にまき散らした。

豆のかわほんが〳〵
銭も金も飛んでこい
福の神も飛んでこい

これは今でもヤラクロなどと称して、南部の各村には似たる唱え言の用いらるる例が多い。あるいは古酒の香がするなどともいうが、つまりよき香をもって福の神を内に誘い、いやな香をもって鬼を外へ追い出そうというのである。カセギドリは津軽ではカパカパというが、このころはなおパカパカともいう土地もあったらしい。田打男の人形を折敷《おしき》に載せ、小さな木の棒でその底をたたくのが習わしで、パカパカはその音から出た名称であったようだ。小湊などでも女の児は家々に入ってきて、

春の始めにそとめが参った

といい、男の児はタジドが参ったといって、銭をもらってダラコに入れて帰ったとあるから、もうこの辺では大人の儀式ではなくなっていたのである。これに反して鳥追いは十六日の払暁に、笛や太鼓のいかめしい拍子《ひょうし》を取って、最も厳重に行われている。この時の唱えごととして真澄の手記しているものは、次のような文句であった。

朝鳥はより、夕鳥はより

長老どのゝかくちは

鳥は一羽も居ないかくちだは、より〳〵

これから所々を行きめぐって寛政九年の正月には西津軽郡深浦の湊にいたことが、「津軽のをち」という日記に見えている。日本海岸の方までくると、もう秋田領と似た風習が多かった。例えば雄勝などのオカの餅は、ここでは岡戎《おかえびす》といって鳥の子の形であった。何か大切ないわれがあるらしいが、知ることができなかったと記してある。松の葉に銭をさして小さな回礼者に与える風もあったが、深浦ではそれを銭馬といっていた。家の内の装飾は精密な見取図が載せてあるが、ことにこの辺の正月の式は複雑なようで、京や江戸とは比べものにならず、ただ遠国の田舎の旧家などに、偶然の一致を求むべきものであった。例えば囲炉裏の側に米俵を置いて、それに一本の心松を立てる風などは、あるいは九州辺でも似たる習慣があったように思う。皿結びといって藁を皿形に結んだものを、その松に取り付けていろいろの食物を供えるのは、信州などのヤスも同じであった。十四日の物忌の一つとして、炉の灰を美しく掻きならして、それから後は手を触れることを戒めた。その禁を犯すと苗代を鴨が踏むといったのは、他地方で炉に足を入れると鷲がつくというのと同じであろう。それから長い串に餅をさして窓をふさぐということは、外南部なども同じであったが、家によっては串には挿さずに、窓から外へ投げるものもあった。男鹿《おが》の本山の柴燈堂の儀式などと、考え合わすべき古風である。

八

同じような話ばかり続くから、もうこのあとは簡略に、目次のみを作っておこう。次の寛政十年の日記かと思う「津軽のつと」には、また小湊からわずか離れた童子という山村の正月が記してある。真澄の宿った家は農家であって、他には見なかったいろいろの慣行が残っていた。それをこの日記は細密に画にしてある。九日にはまた小湊に出かけて、新たにいろいろの見聞を添えた他に、座頭イタコの物言いや山家人の酔態、村の女の杓子舞の歌を手記するなど、心ある観察が多かった。前に引用した「奥の手振」とともに、真澄遺稿の最も価値多き巻である。彼はこの後三年ほどはなお津軽にいたが、正月の日記は不幸にして伝わっていない。享和元年の冬の初めに、最後に深浦を立って海づたいに秋田に入り、次の年の正月は久保田の城下にいた。その翌年の享和三年の春は、阿仁《あに》から出てきて北秋田郡の大滝の温泉にいた。その折の日記は「薄の出湯」であって、これにも湯の町へ出てくるいろいろの物売、伎芸の徒の歌詞が多く載せてある。十四日には十二所の町に行って鎌倉焼きの式を見物した。この晩から小正月の年越が改めてくり返され、若水年男の作法、臼鍋農具の年取りなど、厳重なることは元旦に劣らなかった。二十日は目出しの祝といって、その前後に若者娘たちの寄合があった。瞽《ご》の巫女は十七日に家々を廻って、神を拝し、また世の中の吉凶を占うた。

翌文化元年は阿仁の荘にいた。「浦の笛滝」という一巻はあらあらと山村の正月が書いてある。この年は真澄が始めて男鹿に遊んだ年で、それから引続いて七、八年の間は、主として八郎湖の周辺の村々に、多くの知友を見つけて滞在したのである。しかも少しの間でもわが家というものを持たなかったことは、多くの日記によって知ることができる。二度目の男鹿の勝遊は文化七年の三月から次の年の二月の末まで続いていて、三巻の詳しい紀行がある。この年の正月記事は「氷魚《ひお》の村君」という日記にあるが、男鹿の東北隅の谷地中という海辺の村で、のんびりとした初春の光景を眺めている。小正月の田植・鳥追いといろいろの物忌、娘や子供たちがいかに新年を楽しんだかについても、心の留まる記事が多いのだが、たくさんの本文を引かねばならぬから省略する。文化八年の元旦は寒風山の麓、海と湖水に挟まった宮沢という村の、畠山某の客であった。

「牡鹿の寒風」の下半分は、この昔風な農家とその周囲の、正月ぶりが書留めてある。自分がしきりに興味を持つミタマの飯、オカ餅の風習から、男鹿で最も有名なナマハギの行事などは、この日記によってやや詳細なる資料を得るのである。

九

真澄の雪国の春の日記は、自分の知るかぎりでは以上十一度の正月以外に、もう伝わっておらぬようである。これから後の十七、八年は、もっぱら秋田領の地誌を作るために費やされ、その間に吟詠の事業があったので、珍しい日記を中止したものかと思う。私は将来の東北文化の研究に向かってこの人の事業が何ほどの功績を有するかを説くために、例を新年習俗の記述にとったが、もちろんこれと関係のない方面にも、他には求められぬ特別の資料は多いのである。しこうして問題は何ゆえに菅江真澄の著作ばかりが、ただひとり百年を隔てて今にその価値を認められるかであるが、それにはもとより学問と文章との、大きな力も与《あず》かっている。けれどもそれのみならば他にも彼以上の人はいくらも算《かぞ》えられる。われわれの珍重すべきは、主としては彼の境遇でありまた気質である。五十年近くも故郷を振り捨てて、あの多感の歌心を雪の孤独に埋没しなければならぬような運命は、そう多くの旅人の持って生まれることのできぬものであった。

彼の生涯を一貫して、世に時めくという類の朋友は一人もなかった。学者としては弘前の毛内茂粛、斎藤規房父子のごとき、または久保田の那珂通博のごとき、晩年には八沢木の大友直枝なども、次第に彼の詞藻の半面を認むるにいたったようだが、もとより爾汝《じじょ》の間柄ではなかった。この風雅人の旅の日記を見て、何よりもまず目に立つのは田夫野人の言葉、彼らと何の心遣いもなく、自由に立ち話をした見なれぬ遠来の客の旅姿であった。この時代の東北の田舎においては、ちょうど明治の終わりごろに、やたらに洋服を着た者に目礼をしたと同じく、旅人を粗末にせぬしおらしい気風があったことと思うが、真澄もまた特段に、家々の奉公人とか女や子供とかの、物言い挙動に注意をする人であった。

一〇

「配志和《はいしわ》の若葉」やその前後の日記を見ると、奥州の座頭たちの生活が、すこぶるこの旅人の興味を引いていたことが知れる。前沢の町には正保というボサマがいて、おりおり同席して話をすることもあった。一通りは歌も詠んで、彼が松前に立つ前などは送別の吟を寄せている。物覚えのよい人同士、おそらくはしばしば、閑談の交換をしたことと思う。冬籠りの奥羽の村では、以前は座頭は欠くべからざる刺戟機関であった。ことに正月もやや末になって、再び炉の側の沈黙が始まろうとするころには、若い者や小児は堪えかねてボサマの訪問を待っていた。そうして偶然にもその人々の群れの中に、三河国の菅江真澄がいたのである。

盲人は弟子を連れて来て、一曲の後にはいわゆる早物語《はやものがたり》＊を語らせた。愛嬌のあるボサマたちは、おりおり自分でもこしらえた世間話、または由緒ある昔話をした。

天明八年二月二十一日夜の条に、胆沢郡六日入の鈴木家の囲炉裏のそばに、何一、くれ一の二人の盲法師が、一夜の宿を与えられて坐っていた。三味線を取り出して弾こうとすると、童児が口を出して「ゾウロリ（浄瑠璃）なじょにすべい、それ止めて昔々かたれ」という。「何昔がよかろうか」というに炉の向こうにいた家刀自《いえとじ》が、「琵琶《びわ》にスルスでも語らねか」と言ったとある。

「さらば語り申そう聞きたまえや。昔々どっと昔の大昔、ある家に美しい娘が一人あったとさ」と、語り始めたのは琵琶法師聟入《むこいり》の喜悲劇であった。昔の「猿の聟」の作り替えのようなものであった。夜どおし琵琶を弾くなら娘をやろうと約束したために、夜が明けると手を引いて連れて行こうとする。台磨碓《したずるす》を薦《こも》に包んで米俵だといって負わせて出す。路傍に休んで座頭がこういった。目もない人のオガダになって、一生うざねを吐こうよりは、この川へ飛び込んで二人で死のう。そんならそうとその臼を出して、水の中へどぶんと投げ込み、娘は片脇に隠れて見ていると、盲も泣きながら続いて淵へ飛び込んだ。身は沈み琵琶と磨臼《するす》は、浮いて流れてしがらみに引っかかる。そこで今でも琵琶に磨臼のたとえあり、「といひてはらり」と語ったと記している。

その翌々日は鈴木氏の家を出て、徳岡の村上家へ行こうとした。道案内は一人の少年であった。雪解の路にあるき疲れて、草原に腰をかけて休んでいると、兎が飛び出して走って行った。これを見て童児が次のような話をした。昔兎に行き逢うて田螺《たつぶ》が一首の歌をかけた。

朝日さすこうかの山の柴かぢり耳が長くてをかしかりけり

これを聴いて兎の返歌、

やぶ下のちり〳〵河のごみかぶり尻がよぢれてをかしかりけり

こんな歌を子供が記憶するのは、いうまでもなくボサマの教育であった。それよりもおかしいのは奥の草野の彼岸の日の日影に、路にうずくまって兎と田螺の話を、笑って聞こうとした彼の心持である。真澄この時は三十五歳、長い旅刀をおび、頭巾をかぶっていたと想像せられる。天明八年といえば江戸でも京都でも、種々の学問と高尚なる風流とが、競い進んでいた新文化の世であった。しかるにそれとは没交渉に、遠く奥州北上川の片岸を、こんな寂しい旅人が一人あるいていたのである。

（昭和三年一月十六日）

雪中随筆

新交通

新しいわれわれの交通方法は、まだ完全に旧い天地と調和していなかった感じがする。たとえば日本のごとく雪の深い、谷と崖ばかり多い国で、これほど頻繁に汽車を走らせている国は、世界中に他にはもうないようである。

今年はまたことにひどい雪で、ほとんど毎日といってもよいくらいに、どこかで大風雪が汽車を埋めている。遠い土地にばかり友だちを持っている者の、本当に寂しくてたまらぬ季節である。

それだのに村の普通の生活は半分しか理解することあたわず、政治とか読書とかいう隣人と共通でない趣味に、心を傾けようとする人々が、田舎の隅々に分散して居住する時代になった。この人たちの互いの交通路にも、冬はしばしば目に見えぬ雪崩《なだれ》のごときものが、襲うてくるらしいのである。

たとえば東京などでは、この二月の初めの土曜日が初雪で、それが野山の松や櫟《くぬぎ》の蔭にきらめいて、かえって青空の光を明るくした。阿波から土佐への海に沿うた村々では、梅の紅白が早すでに散り乱れている。久しく寒い故郷を出てこんな国に留まっている人ならば、吹雪の田家の光景を忘れてしまうというよりも、むしろ思い出すことができぬのである。

平たい言葉で定義づけるならば、友だちとは要するに話をする間柄である。しかるに一年の三分の一ほどは、その話の種が切れてしまうのである。消えてなくならぬまでも雪の底に埋もれてしまうので、すなわちまた一つの交通の故障である。

汽車には限らず、日本では何でもかでも、真似するつもりで無造作に始めた仕事で、後に意外な真剣の実験をさせられ、しようことなしに困りぬいて、それかららりっぱな解決をした場合が多い。交際の問題なども、今に必ず何とかなるであろうが、さし当たっては当てにしていた空想の飛行機は飛ばず、同情の乗合自動車はいつでも延着するとなれば、いかに詠歎せられる詩の孤独高尚なる個人主義にも、やはりコタツの向こう側の、空席見たようなものができずにはいないのである。

私はおりおり東北地方に居住する友人から、毎日々々新聞を友としてコタツで暮らしているという手紙をもらう。新聞がはたしてどの程度にまで、コタツの向かいの珍客の代りをするものであろうか。それを実験すべくわずかな紙面を借りて、逢うことのできぬ雪の中の人と、及び越しにこの共同の問題を考えてみようと思う。

コタツ時代

東京の私の家のコタツには、いつでもいわゆる洋服を着た少年と少女とがあたっている。非常に寒くてたまらぬからではなく、他には足を投げ出してごろんとしている場所が、冬になるとなくなってしまうからである。それゆえにたいていばかばかしくぬるい。自分などはちょっと側へ寄ると、きまって何か用事を思い出して立ってしまう。つまり格別の必要が実はないのである。

こういうコタツを見るたびに、自分は時代というものを見ているような感じがする。温度はコタツの第一の要件であるにもかかわらず、それをこの程度に変更してまでも全国の大区域にわたって、この趣味を流行させた時代がかつてはあったのである。それが今日はいかにも意味のないものとなって、単に強い反対が起こらないという原因だけで、わずかに残っている地方もこの通り広いのである。これと同時に旧日本の約半分においては、そのコタツの火はなおきつく、必要は今もって少しも減退していないのであるが、しかも二、三分間も考えて見ればすぐわかるように、コタツもまた確かに時代の産物であって、決して坂上田村麻呂《さかのうえのたむらまろ》が悪路王《あくろおう》を征討した、いわゆる大同二年ごろからすでに東北の雪国に、あったわけでもないのである。

炬燵《こたつ》というむつかしい二個の漢字は、たぶん五山の禅僧の一人の、発明であろうという説がある。そうかもしれぬが文字よりもその言葉の意味が、コタツの趣意以上に不可解であって、事によるとこの制度の滅亡以前には、その歴史を明らかにすることが困難であるかもしれぬ。しかし名称のごときはどうあってもよろしい。それよりもさらに大切なるは、何ゆえにこんな奇妙なものが、いつごろ誰によって創成せられたかであるが、これは単なる常識から判定をして、掛けてある四角な蒲団と称するものよりも、より古く存在しえなかったことは明白である。

蒲団がわれわれ日本人の夜具の一種になったのも、やはり中世以後の事でなければならぬ。その証拠にはこの語もまた支那の宋代あたりの音で、別にこれに対する固有の日本語はなかったのである。

フスマ（衾）というのは大形の衣服のことであった。ヨブスマというのは、全身を蔽い包むほどの大きな藤布製などの夜具のことで、妖怪のヨブスマもそれから出た名かと思う。近いころまで山村で使用していたのは、いずれも袖がありまた襟があった。こんな形の衾の下には、コタツはとうてい発達しえなかった。つまりコタツ時代は歴史の教科書にこそ書いてないが、そう古くはないある昔の新文化であった。

風と光と

とにかくに自分はコタツその物よりも、コタツ時代とも名づくべき前期生活に興味をもつ。ことにこの奇抜にしてしかも悠長なる保温法を、現在の完成にまで持ち運んで来たところの、文明の過程には考察すべきものがあると思う。

けだし火の最も原始的なる魅惑力は、炎であり光であった。子供などは何の入用もない場合にも、物を燃やして突如として咲く花の、あでやかさを賞玩しようとする。暗黒の不安を追い払うためには、はねてぱちぱちと音を立てるような、豆がら、馬酔木《あしび》の類をまじえてたく必要さえ認められた。しかるに今コタツの温雅なる情趣を味わわんとするならば、もうこれらいっさいの古風なる快楽と、袖を分かってしまわねばならなかったのである。

必ずしも巌窟の穴の奥に隠れた大昔には限らず、家を建て簾《すだれ》を垂れて住み始めてよりずっと後まで、窓はできるだけ高く小さく、戸を閉じ壁を塞いで雨であれ風であれ、あらゆる外からくる者を総括して、恐れかつ防衛していた世の中においては、炉の火はまことにただ一つの家の中の光明であった。

月は洩れ雨は漏るなという古歌にもある通り、かがやく青空の光ばかりを、差別して内に迎え入れる方法は、以前にはなかったのである。それが今日のようにどの室も明るく、最早炉の火に炎と光明とを仰ぐことを、必要とせぬまでになったのは、単なる人間の智慮分別といわんよりもむしろ具体的に紙の力、あかり障子の功労といったほうが当たっている。

その後紙はおいおいにガラスに取って代わられ、ついには日中の電気燈とまで進んできて、人はいかなる地下室の底ででも、動きうるようになったのであるが、それは必ずしも結構なことでないかもしれぬ。ただ少なくとも数十年来の火の光を断念し、かつては荒神《こうじん》さまとまで尊信畏服していたものを、今日のごとく自由自在に制御するようになったのも、要するに皆コタツ時代の新たなる事業であり、また自信ある勇気の獲物であって、コタツはこの意味においては、わが国民文明の一つの凱旋門であった。

藁蒲団

旅人の文学などは通例誇張が多く、かつ同情はあっても省察が常に不足であった。ことに一丈、二丈の雪の底の生活にいたっては、もし外部から誰かが心づくのを待っているとしたら、こうしてコタツの起原のごとくに、自分でも忘れてしまうころまで捨てておかれるであろう。土地に住む者が静かにその閑暇をもって、独立して考えてみるより他はないのである。

あるいは考えて見た人も多かったのかもしれぬが、少なくともそれは山一つ彼方までも伝わらなかった。それゆえに今日のごとく、書物で学問をする風が盛んになってくると、かえって谷々の冬は寂しくなるのである。コタツのついでをもって今少しくこの点を話してみたい。

鈴木牧之の『北越雪譜』*の中には、信州秋山郷の山家の夜の光景が画に描かれている。藁で造った一人用二人用の叺《かます》の中に、夫婦親子が首から下を差し入れて、囲炉裏の四側にごろごろと寝ている。珍しくもまたおかしい風俗には相違ないが、世間を知らぬのでこの辺ばかり、永らくそのような生活をしていたというのみで、かつて一度はわれわれ一同の祖先も、美女も勇士もこうして藁の中に、寝ていた時代があったのである。

北へ北へとこの国を開いて来た民族が、今もって稲を作らずには片時も安心しておられぬというわけは、稲が故郷の亜熱帯の植物であって、神の粢《しとぎ》も祭の日の米の飯も、これが最第一の資料だというばかりではなかった。冬の長夜を安々と睡《ねむ》り去るためには、なおその上に年々の新藁と、新籾殻とがたくさんに入用であった時代が、あまり久しかったゆえに今もその癖が抜けないのである。それが木綿《もめん》の種子を輸入して栽培し、綿や古着の売買が繁くなると、百年もたたぬ内に藁のトコは畳の名と変じ、おかしな昔の笑話のみが、いつまでも世の中に残るのである。ある貧家の少年、寝藁々々とよくいうので、見得坊の父がこれを戒め、人の聞く前では必ず蒲団といえと教えて置くと、チャンよ、こなたの背中に蒲団が一筋くっついているわ、といったという類の話である。あるいは寝所の帳台を恥隠しなどと名づけて、その敷居を高くしたのは、中の寝藁を見せぬためだったと今でも信じている地方もある。そのように万人共通の昔をさえ、恥ずる傾きがあるゆえに、不必要に田舎の古風が、だんだんと軽んぜられることになったのである。

センバ式文化

「一筋の背中の蒲団」と、系統を同じくする笑話の一つに、父よこの村では十能《じゅうのう》で屋根をふいとるのといったというのもあった。今でこそ山の奥までも萱野が開墾せられて、瓦でふいた家がおいおいに多くなったが、以前は宮寺さえも村のは皆草屋であった。そうしてたまたまこの話の少年の家では、瓦が一枚だけあって、それを火取りの用に供していたのである。

それほどに十能というものが、もとは重要でない器具であった。つまりはコタツ火鉢の類が少なくて、火を取るべき場合がまれであったのである。十能は奥羽と九州ではヒカキまたはヒトリといい、他の中央部の大区域ではセンバと呼んでいる。センバも十能もやはりコタツと同様に、その語の根原が自分にはまだわからぬが、とにかくに古い道具でなかった証拠には、これまた今一つ以前の固有日本語の、これに該当するものがないのである。

火カキというにいたった理由だけはほぼ明白である。すなわち今ある長火鉢の灰ならしと同じで、夜分囲炉裏の火をいけるために灰を掻き上げる器を、時おりは火種を運ぶのに兼用していたまでであったことは、あの格好からでも容易に想像することができる。

それが台十能などという特別の形式を供えるに至ったのは、もちろん木炭の製法が普及してから後の事で、その木炭はまたつい近年まで、多くの田舎の家庭においては、わざわざ製造せねばならぬ必要を認めなかったものである。

センバが多くの雪国において珍重せられたのは、考えてみれば深い仔細があった。これは大事な賓客のために、特に奥座敷の雨戸を明け放すのと同じ趣旨で、炉の火を取り分けて別に一席を設けることは、日常普通の訪問者に対しては、決してせぬ習いであったからである。それにはこの器物の金属としての新しい趣味も加わって奥羽の各地のごとく夏の土用の炎天でも、客がくるとまず第一着に、センバを持ち出すのをもって款待《かんたい》の表示とするようになったものかと思う。

古風の客あしらいにはこの類の方式化が多かった。今日の実際では、客を家族の一員のごとく待遇することが、非常な好意のように喜ばれることになったが、家には家長の権力が強大である以上、以前はそんなことをするのを非礼と考えたに不思議はない。それゆえに主人はわが家と設備との一部分を区画して、それをまれなる旅人の臨時の領分に提供したのである。

こういう方面にも日本人の人情は変遷した。そうして形体だけの今なお残っていて、われわれをまごつかしめる例は多い。

火の分裂

いかなる種類の新しい文化でも、必ず一度は経過せねばならなかったごとく、コタツの普及にもやはり初期の制限はあったようである。十能の構造をどれほど改良してみたところで、炭焼の技術がこれに伴のうて進歩せぬかぎりは、コタツの恩沢はとうてい遠く及ぶことがむつかしかった。

オキと消炭との能力だけならば高の知れたものである。せいぜい茶の間の付近にいま一つの出張所を作るくらいのもので、出居・奥座敷・離れの四畳半という所まで、たびたび焚き落としのごときものを運んでいるわけにはいかぬ。畢竟《ひっきょう》するに大小いくつかのコタツの割拠独立は、炭取りの新発明がこれを可能ならしめたというべく、時雨のコタツという類の近松式恋愛なども、いわば木炭文明以後の新産物にすぎなかった。

それゆえにコタツはもと、主として夜の設備であったということができる。俳諧『続猿蓑』*の連句にいわく、

別を人の言ひ出せば泣く　　里圃

こたつの火いけて勝手を静まらせ　　馬莧

一石踏みしからうすの米　　沾圃

ふけて皆の者がさアもう寝ようとなって、炉の鍵を引上げ板敷に釜をおろし、いぶる燃

えさしは土間へ出してとっくりと消してから、残りのオキを灰に埋め、その上へ大きな蒲団を覆うて、もぐり込んで一同が睡ったのである。夜中に少し寒くなったとしても、起きて蒲団をまくって新たに焚き付けるか、辛抱するかよりほかには別に方法とてもなかったのである。

和歌に埋火のもとなどと、詠ずればこそはなはだ風流であるが、まず最初のコタツはこれくらい不便なものであった。丹念な家では夏中のオキを消して貯えておいて、夜永の寒さに出して使ったかもしれぬが、たいていは起きているかぎり大火を焚き、残りの温気だけをコタツとして利用したのである。

信州などではこのなかば概念のような暖か味ほとぼりを、いかなる意味でか知らぬがクヨークリと名づけている。クヨークリは燠《おき》のごとく具体的ならず、炉から外へ出せばたちまちにしてただの灰と化し去る。すなわち第二のコタツ、日中のコタツの、以前は自在に企てえられざりしゆえんである。

それが堅炭の世となり、さらにいわゆる炭団《たどん》の世となって、安火だの猫だの番所だのと、便利至極なる置きコタツまでが工夫せられ、例えば田舎のお役所のテーブルの下にまで、利用せられることになったというのは、コタツその物の立場から観察すれば、これも一つの解放には相違なかった。

炭と家族制度

自慢してよいか悪いかは別の論として、炭焼の事業だけは日本の進歩が世界一らしい。国の生産総量のみならず、これが配給貯蔵方法の完備、利用応用の巧妙さから、わずかな歳月の間に改良の成績をあげえた点まで、これだけ鮮やかに他国を抜いた生産は、おそらく指を折って算《かぞ》えるほどもあるまい。

イタリアという国の日本と似ている一つの点は、南の半分ではストーブというものを知らず、炭火の小さな手あぶりを、客にも出せばめいめいにも控えていることであるが、気の毒ながら彼はまだコタツを知らない。もっとも暖かいからあるいはもう永久に真似をせぬかもしらぬ。その他のヨーロッパの寒い国々でも、木炭という言葉はあり、以前は山に入ってわざわざ焼いていたことも確かだが、その目的の限られていたことは、日本の中世と同じであった。全体に西洋人の採温法はつい近ごろまではわれわれよりもおくれていた。炭を使うのは鍛冶屋《かじや》か鋳物師《いものし》か、そうでなければ化学の研究室ぐらいのものであった。それが石炭を盛んに焚き、ついでまた電気を引いて使うようになったから、もう今後はあるいは製法を忘れてしまうかもしれない。また炭に焼くべき雑木などの、そう多くないことも事実である。

ところがわれわれの方ではどうかというと、炭の趣味は今や流行の絶頂に達したかとさえ思われる。都市においてはガス・石炭と対抗し、農村にあっては囲炉裏の火から分立して、コタツ、火鉢を一つの城砦として、防ぎ守らんとする特殊の利害、特殊の文明のごときものが新たに現われているのである。それが新聞と雑誌とたくさんの雑書とを味方に引入れて、コタツに籠城するいわゆる有識階級を形づくっていることは、われわれが冬になるごとに最も痛切に実験するところである。

もっともこの傾向をことごとく木炭の責任に帰するは明らかに不当な速断である。炭自身にはいまだかつて、砂糖の甘味や酒の酔いのごとき、流行をうながす力は具えていなかったので、実際はあたかも国風の変化、ことに家を同じくして住む人々の相互の関係が、一つの囲炉裏を取り巻くほど緊密でなく、さりとて飛び出して竈を別にするほども疎遠ならず、つまりは木炭を利用して各自の室のコタツに、割拠していたいというくらいの時代に到達していたために、この物が目にたって用いられることになったものかと思う。

火の管理者

人間が家を持ち家族というものを引きまとめえたのは、火の発見の結果といってよろしい。光と温度と食物との一大中心として、囲炉裏というものがもしなかったならば、とうてい今見るような家庭および社会はでき上がらなかったろう。民の竈といい、もしくは戸数を何十何煙といって算えたのも、実は一家の内に火を焚く場所が、ただ一つしかなかったことを意味するのである。

その火の管理者を日本ではアルジと名づけ、後にはまた御亭とも旦那殿とも称した。そうしてその管理権の所在を、具体化したものが炉の横座であった。横座とはいってもそれが正面の席であって、事実はその左右の敷物がいずれも縦に連なっているに対して、家長の座だけは横畳に敷いてあるゆえに、そういう名前が古くから生じていたのである。通例は向かって炉の右手、すなわち横座から左になる一側を、嬶座《かかざ》もしくは茶飲み座、腰元または勝手などとも呼んでいる。その最も横座に接近した席は、当然に主婦に専属した。ヘラすなわち飯匙はその権力の象徴であり、食物の分配はただヘラ取り、すなわちオカタ殿のみの掌《つかさど》るところであり、誤ってその席を侵したアネ子などは、それだけでも離縁せらるるに十分な理由があった。

このついでをもってなお言うならば、嬶座《かかざ》と相対する他の一側が客座である。これにも席次があって最も歓待せらるべき者が、一番横座の右近くに坐った。同じく『続猿蓑』の俳諧の付け合いに、

　　聟《むこ》が来てにっともせず物語り

などとあるのは、つまりこの辺の光景にほかならぬのである。それから残りのいま一側の炉端が、下座《しもざ》・下郎座または木尻《きじり》である。嫁は木尻筋からもらえという諺などもあっ

て、一段と身分の低いものの坐席である。これを津軽などでは転訛してキンスリ座ともいうそうだが、本来は薪の尻をその方へ向けておくゆえの名であった。煙いのを我慢すべき、居心地のよくない座であった。

さてこれほどまでに秩序を正して、家には一つしか火の中心を作らぬように努めたのであるが人の心の変化はぜひないもので、ついに室ごとにコタツを置かねばならぬ時代がきた。最初は取り扱いに面倒な年寄などをすかして、安火一個に封じ込めたりしたものが、後には息子が新聞や本を抱えて、みずから独立を宣するようになった。それを後援したのは紙とガラスの障子、次にはランプまた電気燈などであった。がもちろん彼らはこれを教唆したのでなく、木炭と同様に頼まれてただやってきただけである。

炭焼来る

日本にもし雨雪が少なくて、土で塗った家が発達し、もしくは石を重ねて二階三階ができるくらいに、地震の心配の少ない国であったら、平気で大火を燃やして、いつまでも炭の便利は認めるにいたらなかったかもしれぬ。ところが城下に木の家を小さく建てて住むには、焚き火は何分にも不完全でいけないとなって、寒くともこれにて我慢をすべしと、炭櫃《すびつ》、火桶の類を工夫して使用せしめた。町の女などは気働きのある者で、それに籠を伏せて衣類を温めたり、またはわずかな香料を焚きこめたりしていたのが、後に在所において真似をし始めた、これがコタツの根元でないかと自分は思っている。炬《こ》燵《たつ》という厄介な二個の制限漢字とともに、この便法もまた禅坊主が発明したという説は、徹底を本旨としていた彼らの名誉のために、実は自分たちの信ぜざらんと欲するところである。

炭は足利時代の末のころまでは、京都の武家ですらなおご馳走の一部分であった。火箸で炭をはさむことを知らなかったという話も伝わっている。若い時にある大家に奉公をしていた女性が、私は炭は手で取るものとばかり思っていたというのを聞いて、手が汚れて困ったろうにと不審すると、それではもうこの節の炭は、油を引いて一つ一つ紙で拭うてはおかぬのかと、かえってびっくりしたそうだなどといっているが、これも織田信長の料理人の逸話と同じく、成り上がり武家の俗悪を冷評したところの、いわゆる一つ話の一つであろうと思う。

要するに炭はもと趣味のもので、自然天然の寒気がうながしてこれを製産せしめたものではなかった。本来深山の奥を出でてまずいったんは町城下の生活に参加し、それから再び逆戻りして徐々に村里に入り込んだことは、金・銀・水晶などとその径路を一つにしている。明治時代の都府文明の大飛躍、これに帰伏し渇仰《かつごう》した人の心、それを繋ぎ合わせた船車の新交通がなかったら、おそらくは今日の製炭伝習もなく講話もなく、はるかの国から炭焼さんも入ってこず、村では依然として囲炉裏の焚き落としを限度として昼日中からコタツで転寝をするような、寂しい人生を展開することができなかったであろう。昔も今も偶然の外部の変化に刺戟せられ、でき合いの境遇に囚われまたは引き摺られていくことは、人間のまことに気の毒な一つの癖であった。

夢は新たなり

奥州で津軽・栗原・信夫、羽前の最上《もがみ》、それから信州木曾の園原《そのはら》などにおいては、炭《すみ》焼藤太《やきとうた》は必ず金売吉次《かねうりきちじ》*の父であった。山に入って炭を焼くことが因縁をなして、他日万福長者の第一世となったという土地の口碑は、この広い区域にわたって共通である。今日の山小屋の寂しく薄暗い炭焼生活を知っている人々に、一人としてこんな莫大なる将来の幸運を想像しうる者があろうか。しかも先年自分がほぼ証明しえたところでは、南は沖縄の島まで分布する同一の昔話は、いずれも炭焼がみずからこれを発明し、かつ携えあるいて、所々の山国の雪の中の住民にも語ったらしいのである。*すなわち彼らは一種の職業的空想家であった。

それというのが本来木炭の用途が、原則として家庭日常のものでなかったからである。狸か何かの皮を縫い合わせて、大なる踏鞴《たたら》というものを作り、それを足で踏んで盛んに炭の火を起こし、金属を鎔解していろいろの器物を造る人ばかりが、山に竈《かま》を築いて多量の炭を製するの必要を持っていたゆえである。そうしてこのいわゆる作金者は、作業また泉の性質から五人、七人の小さな群れをなして、遠近の山野を回って原料を求め、ある所に仮屋を建てて、ある期間その見なれぬ工芸を人に見せていた。カネはたぶんカナシという語と語原が一つで、英語の dear などと同じ意味をもっていたのかと思う。技術上の門外漢たちが目を丸くして、最初の金属の出現を見物した光景は、この一語からでもこれを想像することができる。しこうして炭はまさしくその記念物として金屋の去った跡に残さるべきものであった。

すなわち物は真黒で無風流であろうとも、非常に高尚なる連想を伴のうたものであった。手短にいえば新文化であった。筆者などの少年のころに、家の前の村路が国道になって、毎日々々牛車に石炭を積み、但馬《たじま》の生野の官営銀山に運んで行く時代があった。私の在所では石炭のことをゴヘダと呼んでいた。そのゴヘダの黒く光った小破片を、牛車の過ぎた跡から拾ってきて、試みに火にくべてみた者も多かった。そうしてあの香気を非常に意味あるもの、なにか欧米の文物に交渉あるもののごとくに感じた人も自分のみではなかったのである。旅の鋳物師らがきて焼いた炭には、格別異な臭いもなかったろうけれども、その代わりには彼らの歌、彼らの物語は永く耳に残った。村の住民の考えても見なかった新天地が、これによって田舎へは持ち込まれたのである。

折り焚く柴

火を焚けば話がはずむという原因結果は、よほど久しい大昔からの、不思議なる法則であったらしい。前年オランダのローレンス博士の一行が、二度目のニューギニア雪山の探険を企てた時には、いろいろ考えた末にボルネオ内地の土人を人夫に連れて行った。勇敢で従順で正直なことは申し分がなかったが、ただ一つの欠点は夜営地で焚き火をさせると、火のある間は話をしていてどうしても睡《ねむ》らないから、日中に居眠りをして困ることであった。赤道直下の島に生まれた彼らには、通例は火の必要はないはずであるが、一たび高山に登って榾火《ほたび》の夜の光に接すると、たちまちにして悠遠なる祖先の感覚が目ざめて、特殊の興奮に誘われずにはいなかったのである。

この点は酒などの効果もよく似たものであった。酒にもし人をして歌わしめ、牛蒡《ごぼう》を掘らしめる力が具わっているものならば、飲む者がことごとくそうなければならぬ道理であるが、世の中が開けるにつれてそのような人はなくなる。つまりおもしろく笑いののしり、または酔い泣きすべき機会が、あべこべに酒盛りの日を待っていて現われるだけである。日本においても昔話は冬のものであり、かつ夜分にするものときまっていたのは、本来は必ず囲炉裏に火を燃す時の儀式であったためかと思う。すなわち横座の主は家の火の管理者であると同時に、さらに先天的に夜話の議長であり、かつこの伝統教育の学校長でもあったかと思うのである。

ゆえに家より外で焚いた火を炭にして、持ち込んでくるということは革命であった。三宝荒神の信仰に統一の力がなくなったことを意味するのみならず、炭に伴のうて遠国の物語が、だんだんに入り込んで村里の歴史を紛乱せしめたことを、推測することも困難ではない。西洋の国々では炭焼は無口な山人としてゆかしがられているが、われわれの中には反対の例が多い。例えば佐々木喜善君の『江刺郡昔話』*などは、その大部分がかの郡から来ていた炭焼から聞いたものだという。東北の山奥には思いがけぬ地方から、入って炭竈を築いて火を焚いている者が今でも多い。それからまた一方には文芸や思想の上においても、ちょうど県町村の計画をもって、製炭技術の講習会を開催すると同じように、縁もゆかりもなかったことを教えられる場合が多い。家の火の祭壇はしだいにその信徒と供物とを、失わざるを得ないわけである。

旧文明のなごり

いわゆる小正月わか年の晩には、豆や胡桃《くるみ》を火に焼いてそれを囲炉裏の灰の上に並べ、十二ケ月の晴雨吉凶を占うことが、いつの世からともないわれわれの慣習であった。しかるに農作の不安は今も昔のままであって、ひとり火の文明ばかりが際限もなく進展し、また成長しようとするのである。その旧式生活の別離に臨んで、せめてしばらくのコタツ趣味に、低徊せんとする人の多いのは自然である。

しかし結局は移って次の火に進むべき時節の、すでに近づいていることもまた確かである。しからば百年の未来の回顧の日のために、われわれは何を記念として留めておけばよいのであろうか。長い大きな旅をしてきた国民ではあるが、われわれ平民の足跡は思いの外に幽かである。何もなすことなく過ぎてきたわけでは決してなかろうが、あまり前途を見つめていたためか、歴史にはまだ注意の及ばなかった隅々が多い。このコタツ時代が今のままで終了するとしたら、またたくさんの過去が永久に忘れられるであろう。

今のうちに少しずつでも考えておいたらどんなものであろうか。あるいはこれも下らぬ穿鑿《せんさく》というものかもしらぬが、われわれのこの毎日の生活には、小さな不可思議が充満している。たとえばコタツの中で手をたたくことを、老人などの非常にいやがる土地が今でもあって、それを何故かと尋ねてみても、もう説明しうる者は一人もないのである。コタツは火の神の信仰に対して、明白に一つの叛逆であった。正月松の内に囲炉裏に足を入れると、苗代に鷺がつくなどといってしかられていたのに、コタツでは何の遠慮もなく、にょきにょきと突き出してあたっている。それにもかかわらず、なお知らぬ間に以前からの約束を踏襲して、火の清濁の差別待遇を承認し、この火は食物の煮焼きなどに供用せぬことにきめていた。手をたたくというのもおそらくは荒神さまの礼拝を意味し、火の浄からぬコタツの中では、その行為を厳戒していたものかと思う。しかも今日では火棚、火鍵はもとの黒光りのままであっても、もはや手をたたいてヒホドを拝む者はなくなった。それだのにこんな形式が迷信となって残っている。すなわち古い信仰は、かえって革命家の手によって、保存せられていたことになるのである。それを考えまた語りうる能力のある人がコタツによりかかって静かに雪中の日を送っている閑な時間に、なお一度後世の学徒に代わって、この消え残る上古の光と炎とを、たどってみることも意義があると思う。

（昭和二年二月「東京朝日新聞」）

北の野の緑

一

奥羽の天然を愛する者が、少し本意ないことに思っているのは、夏の日の草木の緑色が、あまりに強烈で柔らかみのないことである。それは人口のまだ稀薄なためで、今にも大いに開けて赤土山の公園などができたら、別に中央部と変わることはなくなるだろうという人もあるが、必ずしもそうでなさそうに思われるのみならず、そういう破壊作用を待っているわけにもいかぬ。

東北の風光の美しいのは誰に聞いても紅葉の秋だという。それから後の冬木立の山野もよし、春は四峰の雪白水が充ちあふれて、蛙・郭公の啼くころの若緑も、永く待っただけに、人の心をとろかすようにあるらしい。それが再び次の秋に移っていくまでの数週間は、土地の人々には休憩であり昼寝であって、必ずしもこれを顧みるに足らぬのか知らぬが、生憎《あいにく》その時ばかりが旅行者の季節である。それも火酒を頓服するような都人式の急行納涼ならば、変化の少しでも激しいのを喜んでもよかろうけれども、あるいはたたずみあるいは腰を掛けて、静かに見ておりたい者には、少しくあの色彩が単調であり、また無情であるように感じないわけにいかぬ。

あれはおそらくは日の光の効果か、または気中の水分の加減でもあろう。いま一段と高い緯度に進むと、しだいにこの色が白々と、幾分軽くたよりなくなるように思うことは、北ヨーロッパをあるいた人の、誰でも容易に経験するところである。太平洋岸では仙台松島を過ぎ、一望平遠なる沼沢地域に入ろうとするころから、緑の色のきつさがおいおいに眼に迫ってくる。時刻のせいか空模様かとも考えてみたが、何度通っても同じ感じで、行けば行くほど寂しさが加わり、ついには一人では東北にはくるものでないとさえ思ったこともある。

二

あるいは古人も心づいていたのではないかと思う。もしそうでなければ無意識に、この過多の涼味を加減することを企てていた形跡がある。秋風ぞ吹くの白河を越えると、街道の並木の赤松がことに多くなる。その松の幹の色が何ともいえないいい色に赭《あか》くて、常に心をひかれることはおそらくは汽車で通った人にも同じであったろう。それから土地によると、両側に長葉の楊樹《かわやなぎ》を栽《う》えてあり、路傍の人家も努めてその蔭に寄って住もうとしている。この木の幹はまた思い切って黒い。そうして葉も少しばかり、他の木よりは緑が淡いようである。その葉の間からちらちらと見える黒い幹は、単純ながらも風情のある配合である。並木は主として大雪の日の旅人に、路を導くためのものと認められているが、それればかりの趣旨ではたぶんなかったろう。法令をもって並木に果樹を栽えしめた時代もある。夏の日の蔭は寒国においても入用である。ただし楊は早く成長し早く老い、もとより松の長寿なるに如《し》かなかった。それゆえに今は奥州においても、若干の伐り残しを見るだけになったのである。

それだけならよいが赤松もどしどし伐られる。自分らが物を覚えてから、奥羽の並木の払い下げられた例は多い。山林は風致林という名目を設けて保存しながら土木の官吏は予算を捻出する場合に、いつでも心なく並木の老松の伐採を計画する。そうしてその跡へはめったに栽えたためしがなく、いわんや何を栽えようかなどはまるっきり考えぬことにしているようである。

三

もっとも樹を栽えることは近代の一つの流行だが、それはただ個人の家のまわり、さもなければ学校とか小公園とかの、いったん土を削って地肌を見せた所へ、そんな土地にも成長するものを栽えるばかりで、広い平原の大きい風景の調和などは、何人の任務でもないから誰も考えない。十和田に七月末に行ってみると、五月下旬の半ば解けた雪の間から、たった一本の桜が咲いていた、前回の時よりもまだ寂しい。いやなものだがせめて文化式赤瓦の家なりとも、そこらの湖畔にあればよいと思った。花巻の温泉は万事電気ずくめの新式遊覧地だが、山を眺めているといつも夕方のような気持がする。何ゆえにこの山に百合の紅白、もしくは萱草《かんぞう》のような赤い花でも取り合わせてみようと思わぬのかといってみた。つまりは天然は無条件に、いつでもやさしく美しいものと、妄信しえられた国の幸福である。

実際また人間の力で、そうたくさんの変化は加えられないのかもしれぬ。しかし東北の人の心持は、不思議に古くからの路傍の松柳に現われていたのみならず、それがなお家々の庭前の花木、さらに一歩を進めては娘たちの身だしなみの上まで、偶然ならず認められるのは、おそらくわれわれのまだ知らぬ真実であろう。

鹿角《かづの》郡などの最も草深い田舎をあるくと、はなやかな笑い声よりもさきに目に入るのは、働く女たちの躑躅《つつじ》色、牡丹《ぼたん》色などのかぶり物である。全身を現わして路をあるいてくるのを見ると、襷《たすき》でも腰巻でもわずかな袖口でも、北地へ行くほど彩色が鳥に近くなる。こうして若い人ばかりの注意を引き付けようとする外に、自分がまず緑の圧迫に堪えなかったから、何とかして彩ってみる気になるのかもしれぬ。それが無意識ながら広い天然と調和して、夏の寂しさを柔らげ、また女性を欠くべからざるものにしたかと思う。

数年前に私があるいたころは、外南部などには白い布の流行が認められた。夏の花の多くは小さいのに比べると、これは大きく動くから印象は深かったが、それでも山吹や鮮かな藤色のような、快活さはやや減少するように感じた。すなわちあまりにひとりひとりの空想が自由になることも、土地のためには幸福でないように考えられるのである。

四

自然はもちろん人が愛玩するために設けられたものでない。南北極地の雪の野が、永久に真白で一つの斑点もないごとく、ニューギニアの島などの緑樹海は、今なお完全にわれわれに閉ざされている。しかし人間は求めざればやまぬ。ウォレェス博士の『馬来《マレィ》多島海記』*の中には、幾度となく花がない、鳥や蝶があまりに少ないと歎息している。奥羽を愛する旅人が、かの単調の緑の涼しさだけに、満足しえないのも理由があると思う。

（昭和二年六月「週刊朝日」）

草木と海と

名所崇拝

旅行者にはよい旅行という記念は多いが、よい景色という語はかえって空に聞こえる。松島の海などはかつて小舟で渡った日、沖から雨の横吹きがあって、赤く濁って騒いでいたために、今に自分はなつかしいという感じを抱くことができぬ。せっかく来たのだからと宿にいて日和を待つだけの熱心のなかったのは風流に反するかもしれぬが、暮春初夏の静かなる日の光に手伝ってもらってならば、松島ならずとも多くの島山は皆美しいわけである。とにかくに名所はわれわれにとって、実は無用の拘束であった。

それよりも口癖のように海の風景を説く日本人が、支那の新古の画巻などから趣味の教育を受けているのは存外なものである。窮天平蕪《へいぶ》の野に家居する人民の、奇峰怪石を愛するのは自然の情でもあろうが、われわれは谷の民だ。そうしてまた海から入ってきた移住者の末であり、盆地の窮屈に倦《う》んでいる者である。浜に臨み岬の端に立ってまで、ひねくれた松の樹を歌に詠む義理はない。松は海に親しい木ではあるが、ことに風の力に本性を左右せられやすい。野中の神の社などで出逢うような自由奔放なる大木は、海辺にくると見られない。たまには珍しいというのみで、気の毒ながら木の畸形だ。浜の遊びのおもしろかったなごりに、他に記憶しうるまとまった印象もないために、人が単に松だの岩だのによって、連想の目標をきめるだけである。ヤソ教でいうならば十字架見たようなものだ。

海山は広くのんびりとしているけれども、われわれの庭はせせこましい。しかるにこういう松や岩を賞美する者がよく用いるほめ言葉は、持っていけるものならうちの築山にして眺めていたいなどという、不心得な話である。いい画を見ると真に迫っているというのはよいが、よい風景に対して画のごとしだの、画に描くとも及ばずなどというのは、よほど平凡なる天地に生を受けた大陸人の口まねに外ならぬ。そんな人たちと風景の論をして見たところで、話の合わぬことは始めから知れきっている。

紀行文学の弊

風景は画巻や額のようにいつでも同じ顔はしておらぬ。まず第一に時代がこれを変化させる。われわれの一生涯でも行き合わせた季節、雨雪の彩色はもちろんとして、空に動く雲の量、風の方角などはことごとくその姿を左右する。事によるとこれに面した旅人の心持、例えば昨晩の眠りと夢、胃腸の加減までが美しさに影響するかもしれぬ。つまりは個々の瞬間の遭遇であって、それだからまた生活と交渉することが濃《こま》やかなのである。たぶんあの辺を旅行してみたら、よい機会が横たわっているかもしれぬと、推測し勧説しうる場処はいくらでもあろうが、とてもそれ以上の約束を天然から徴することは不可能である。あるいは見物の方がはなはだしく無我で、聞きしにまさるなどと感歎することがあっても、それはただ西行《さいぎょう》・宗祇《そうぎ》・山陽・拙堂《せつどう》などの、従順なる信者というにすぎぬ。

いつごろから用い始めたか、日本には名勝という語があって、近年法律をもってこれを指定し保存することになっている。名所という俗語の音の転訛ではないかと思う。とにかく名勝は風雅道の霊場、文人伝の古蹟ともいうべきものだが、風景のほうからいえば最も押しの強い押売である。今さら旅人の拘束せらるまじき旧法則である。いわゆる紀行文学のごとき、図書館では地誌の部に置かれながら、いかにも狭い主観の、断独的個人的の記述であることは、すでに心づいた者が多いのであるが、名ある古人を思慕することが、無名の山川を愛する情よりもまさっている国柄では、風景の遇不遇ということがことに大きな意味を持つ。水陸大小の交通路はもとより、絵葉書も案内記も心を合わせて、今古若干の文人の足跡ばかりを追随させ、わけもない風景の流行を作ってしまった。風景自身にとってはむしろ顧みられぬのは本意かもしれぬが、静かに田舎に住んで天然の美しさを学ぼうとする者のためには、無用の誘惑でありまた有害な錯乱である。

天然の観賞だけなりとも、せめてわれわれは態度の自由を保ちえたいと思う。都会人の具えた感覚の力の中で、やや精徴を誇りうるのは舌と鼻とだが、それも煙草に荒らされて今はやや衰えんとしている。目と耳とにいたっては最初から、概して田舎には及ばなかった。そうでなくとも狭苦しい経験の中から、彼らが発見したような風景の標準に、全国民が引き廻されてたまったものでない。中央集権の腹立たしい圧迫の中でも、一番に反抗してみたいのは文芸の専制である。それも日本人を代表しうる優秀な創造力、ないしは親切周到なる観察から出たものならまだしも、何かというと外国の受売をして、いわゆるつくねいも式山水をありがたがるような連中に、風景を指定してもらおうとする客引根性はやめにせねばならぬ。それが最も真率にこの国土を愛するの道である。

松が多過ぎる

日本固有の平民文学において、最も豊かなものは共同の詠嘆であった。五人、七人の感動を同じくする群れが、特に声の清い舌のなめらかな一人に委托して、代わって眼前の情趣を詞章化せしむる場合に、必ずしも丁寧の叙述を要しなかったのは当然である。ことに風光はいたる所の岡や渚に、衆とともに楽しみ味わうべきものであったゆえに、もどってこれを見ぬ人に伝えるような、物語の発達する余地はなかったのである。したがって文学が少数の才子によってもてはやされる世となれば、その精彩の描写はたちまちに彼ら多数の同胞を動かして、かえって異国の文人の好尚に盲従して、自分たちの景色を品評するようになった。その弊やすでに朗詠古今の昔に始まっている。この久しいマンネリズムの穴の底から飛び出すためには、われわれは最も勉強して旅を試み、また旅の試みを語らねばならぬ。白砂青松という類の先入主を離れて、自在に海の美を説く必要があるのである。

　自分は松の名所をもって世に知られた中国の一地方に生まれ、ことに目に映ずる鮮かな緑、沖から通う風の響きに親しみを持っている。しかも故郷に対する叛逆であろうともままよ、今もって全日本を通じて、海の歌、海の絵とさえ言えば、ぜひとも松の木を点出しようとする古臭い行平《ゆきひら》式を憎むのである。内海の磯山松の他よりも一段と目につくのは、土や空気の最初からの力もあろうが、やはり永年の松風村雨のいたすところであった。間近い都に塩を焼いて供給を続けているうちに、何代となく付近の林を伐って薪にした。そうして土を流して岩の骨があらわれ、それがいわゆる御影石《みかげいし》であったゆえに、くだけて砂になって浜辺を清くしたのである。海の景色はこのあたりにおいて最も著しい歴史の変遷があり、真率に言うならば以前の方が明らかに美しかった。今のような経済生活の続くかぎり、おそかれ早かれ他の府県の海岸も、つぎつぎにこれとよく似た外貌になって、結局は何人も文学の単調を非難しえぬことになるかしらぬが、幸いに現在はまだ土地によって事情の変化が多く、したがって見なれぬ風景がなお保存せられ、われわれをして再び省察せしめんとしているのである。

中国の海の辺をあるいていて、見落とすことのできぬのは海の草の繁茂である。歌に玉藻と詠んだのはまた別のものかしらぬが、一種たけ長く幅の細い、たとえば蘭の葉のごとくにして表なめらかなのが、岸にうち寄せるとたちまち白く枯れて、風の後などは堆く積まれている。岸近く船で行くならば、必ず浜の松の緑よりも珍しい光景をなすことと思われる。備前の邑久《おく》郡の入江なども、底はことごとくこの草でその間にナマコが住み、小さなトロールは藻の上をすべりつつ、その外に出たナマコの限りをさらえて行くようになっている。海が荒れる日は葉がきれて岸に寄り、おいおいに潟の上を埋めるらしい。西に開いた紀州の加太の湊なども、どこから吹き寄せるか奥の方はこの藻ばかりで朽ちた土は沈んで干潟となり、片端ははや要塞兵の練兵場にさえなっていた。諸国の入海の岸に住む民が、玉藻を苅るという昔からの手業《てわざ》は、これを何の用途にあてたのかを考えて見た者もないらしいが、それはおそらく田に入れて土を新たにするためであった。そういう隠れたる海の交渉も、今はまたすでに絶えてしまったのである。

自由な花

海の草は磯の香というもののもとらしいが、浪に打ち寄せられて枯れ朽ちる時でないと、旅をする者の目にふれることが稀れである。天草下島の魚貫《おにき》という浜近くに、夕日の最も美しい舟渡しがあった。一丈余りの水底は一面の草原で、絶えずなびいている植物の間から、いろいろの小石の光っているのが、あたかも花などのごとく見えていた。佐渡の島の東北端、鷲崎《わしざき》という静かな澗《たに》も、水澄んでさまざまの藻が茂っていた。越後などから燃料の雑木を積みに、小さな船ばかりが入ってきて繋っているが、晴れた秋の朝の船出などに、さし込む日の光をもって描かれる風情は、棹や櫂で掻乱するに忍びないようなみごとさであろうと思われた。汐干に遠く現われる東上総《かずさ》の磯の石畳は、ヒジキの薄緑が地の色をなし、その隙々にトサカノリの幽かな紫を交えている。南の島に行くに随《したご》うて、隠れ岩にはしだいに花やかな彩色を加えるようだが、鷲崎の湊のあたりには冷たい潮が通うためか、藻の緑はことに深く、かつ葉の広い北海の種類が多かった。

佐渡も海府《かいふ》の果まで行くと、地上の草にも人間の跡がまだ少ない。弾崎《はじきざき》の燈台から西は、浪打ち際までが多くは草の原で、遠く近く咲く花にはとりわけて珍しいものもないが、いずれも自然の聚落《じゅらく》をなして、この郊外の秋の野のごとく入乱れてはいなかった。畠ならば三反、五反の広さが、一面に紅か黄か、それぞれ一種一色の花をもって覆われた光景は、例えばれんげ草の田のようであった。無始の自然がこのように播《ま》きかつ育てるのである。願《ねげ》の賽《さい》の河原に接して大野亀という亀の形をした孤丘が海に突出している。船路の目標でもあれば、帆前船の変り目にもなるために、しばしば船方の唄の中に歌われている。この小山が裾野からてっぺんまで、自分の通って見た時には一面の萱草であった。少しの白百合、野茨を除けば山全体があの黄がかった朱色の花模様で、おかしな話だが毎年の帝展に、屛風一杯に柿の実などを描く人の、丹念さを想い出すようであった。最も忘れがたいわすれ草の記憶である。

牛は盛んに放し飼いをしているが、全体に佐渡はまだ草の豊かな島だから、このように花と花との間に、領分の境ができて相争うのであろう。それに人間が干渉をして、前《せん》栽《ざい》と名づけたわずかな草むらに七草を雑居させてみたり、はなはだしきは一鉢の平たい土器に、小さくしてことごとく花を咲かしめようとする。世の調和という事業の中には、往々にしてばかばかしく無理なもののあることを感ぜしめる。凡庸な無名の草が、群れて美観を呈するのも案外なものであった。百合などの花ばかり大きくりっぱで、その幹は痛いけに細く、風もないのに始終身を動かして、美を衒《てら》い知られんことを求めている のも、明るい海端の広漠たる自然の中では、また生存の必要であること、あたかも孤婦の装いするごときものなることがよくわかった。

鳥の極楽

島であるためか、あるいは島の片蔭であるためか、佐渡の海府にはまだいくつもの古い風景が残っている。海に迫った山の端の断崖には、六月潮の緑を背景として、薄桃色のシャクナゲが咲いている。阪を越える村人らはその艶麗なるかがやきに堪えず、思わず一枝を折って、手に持ってやがてまた棄てていく。船からこの花を見ていくような山は、もう日本には他になかろうかと思う。

それから島の西岸を南へ進んでくると、少しずつ水際に平地ができて、やがては五戸、三戸の近世の移住者が、絶壁を背にして家を構えている。海の生産は一年の活計に足らぬので、いずれも崖路を登って高地の田を作るのである。紀州の熊野なども同じように、沖から望めば一帯の沿海段丘であるが、佐渡での特色は屛風のごとき山の端に、喬木の深く茂っていることである。山の田に灌漑した水の末がにごった滝となってこの間から海に落ち、無数の鳥類が傍に憩い遊んでいる。波濤の音に競うて声は最も高く、まったく人間の危害から遠ざかっているゆえに、その動作がいたって自在である。北の大陸から毎年渡ってくるものの、この島を中宿とするのは蒼古以来の習わしであったろう。雪の越後に比べては冬も暖かいが、海が荒れて風強く、人は皆小屋の中に閉じこもる。その上にいろいろの木の実草の実が、今なお豊かに供給せられるのである。自分らはこういう地形を鳥の極楽と名づけているのだが、佐渡のようにあらゆる条件を完備した極楽は、そう多くはないように思う。

東海道ならば由比《ゆい》・蒲原《かんばら》・興津《おきつ》の山々、焼津《やいづ》に越える日本峠のように、汽車の響きと煙で小鳥をおびやかし、さらにいろいろの方法をもって捕獲を試みる所が、年を追うて増すばかりである。海辺の旅の寂しくなった原因は、一つには禽鳥の零落である。保存法の制定が時おくれ、かつ周到でないために、今日はもう捜してようやくにこれを見出すまでになった。大隅佐多の御崎山が、樹深くして木の実は珠をつづり、南から帰るほどの鳥の群れは、ことごとくこの山に遊んで久しく留まり、三冬連日の大舞楽場を現出していることは、かつて自分の驚喜して人に語らんとしたところであった。山の樹の生長は概して里人が伐って薪に積むよりもおそいから、まず通いやすい海沿いの林から、荒れていくのは是非もないことである。ただ幸いにして魚付林の利害は、はやくから漁民のこれを感じ知る者多く、これに次いでは宮島や金華山の他にも、島に鹿猿を保護するもの少なからず、また神霊のなおあらたかな御社では、森は下草まで大切に鎌を戒めていたために、単に遠望のほぼ昔の姿をとどむるのみにあらず、近づけば花あり樹の実あって、これに遊ぶ鳥の歌も、幽かながら前代の歓喜を語るのである。ただしこういう境を拾い求めるためには、汽車や乗合自動車はわずかに半分の便宜である。村に草鞋《わらじ》を売り、または閑人のために小舟を漕ぎ路を案内する余裕は、もうだんだんになくなろうとしているのである。

砂浜の草

歴史以後にも日本の海岸は大変な変化をした。土が流れて磯を埋めた区域が、落ち込んだ部分よりはずっと広かったかと思う。浪華《なにわ》から中国へかけての新田には中世まで白帆の船の走っていたところが多い。大小の島々は塘《つつみ》に繋がれて陸地となり、その蔭を今は汽車が往来している。しかしこれと同時に砂浜の威力もだんだんに恐ろしくなった。風は昔も強く吹いたのだが、吹き寄せて積み上げる砂小石は、近代に入ってますます増加した。いわゆる長汀曲浦《ちょうていきょくほ》の風光のごときも、おいおいに改まらざるをえなかったのである。

草木はこれによって第一の影響を受けた。今日空漠の荒浜に、生き残っている草の花などを見ると、負けて帰ってきた勇士を見るの思いがある。日向の南の海岸を行くと、岩の蔭に隠れてなおいろいろの南らしい植物が生存している。その間を縫うて繁茂する葵葉の朝顔などは、おそらくは中ごろ民家の園から逃げて出たものではなく、われわれがまだこの花を栽《う》えて賞美しなかった時代から、すでにこの付近の天然を占拠したこと、たとえば熊襲《くまそ》・隼人《はやと》のごときものであったろう。昼顔なども今は畠に入り路傍に出で、やつれた可憐の姿を見せているが、それはただ埋没の災を避けんとして、海から逃げ去る後影であろうと思う。

浜に這う植物としては、葉の表が平らですべりよく、枝に力があって花をささえるもの、たとえば蔓荊《はまごう》のごときが永く生殖した。ただし手に摘めば花の香は強烈に過ぎ、木の形も荒くれているためにわずかに浦人が実を採って枕に入れるくらいで、通例はこれを顧みるものがないのだが、中央部以西の海岸の風景には、松を除けばこの物が最も多く参与する。三十年前に自分がこの花を初めて知ったのは、三州の伊良湖岬《いらござき》であった。千鳥のことに多い砂浜で、広々と東南の大洋に面しているゆえに、薄暮が最も幽寂であった。この間に微風に乗じて、わずかに香気を送ってくるものが蔓荊で、土地ではこれをハマボウと呼んでいた。浜を匍《は》うこと時として一丈に余り、小高い所から見下ろすと優美なる砂上の画であった。花の色は淡い紫で、青空にかざせばほとんど消えんとする風情《ふぜい》がある。今でも所々の海辺で立ち止まってはみるが、その実は樹の根の窪などに落ち集まり、少しの空中の水気に助けられて、つぎつぎの血筋を用意するように見える。たぶんは吹き上げの浜の拡がって行くかぎり、未来の日本の浪打ち際の風光は、いよいよこの植物によって支配せられ、歌によまれた白菊の花などは、今に想像することもかたくなるだろう。

玫瑰の紅

南部日本のハマボウに対立して、北に進めば則ちハマナスの花がある。支那では玫瑰《まいかい》は園中の物であるらしく、花の艶麗ははるかに蔓荊にすぐれているが、われわれの間ではかつて野生の境遇を出たことがないようである。汽車で海岸を走ってみると日本海の方面では鉢崎《はちさき》・鯨波《くじらなみ》のあたりからもう旅人の目を留めしめる。能登の磯山にも咲いているかと思うが、自分には確かな記憶がない。山形県に入っては鼠《ねず》ケ関・三瀬《さんぜ》の辺からしだいに多くなり、果もなく北の方へ続いている。太平洋岸でも常陸《ひたち》を過ぎて、磐城《いわき》の浜づたいをすると急にこの花の群れが盛んになる。福島県では小此木《おこのぎ》君の力で、特にその生態と景観とが報告せられたことがある。東北一帯の海の風景は、もちろんハマナスを閑却してはこれを談ずることを得ぬのであるが、いかなる法則があるのか、その産地が妙に飛び飛びで、たとえば釜石・宮古間の海沿いの路などは季節のやや終りに近く通って見たのに、この木に出逢うことはなはだ稀であって、北に進んで野田玉川のあたりの荒浜になって、初めて所々に咲き残った花の群れを見たのであった。

全体にこの木の多くある所は、里や林をやや離れた、寂寞《せきばく》たる砂原が多かった。風に吹きたわめられた高山の這松帯のごとく、人の足も立たぬように密生している。由利郡の海岸などでは、防風用の松林の隙間から、紅の花がちらちらと見えたこともあったが、普通は孤立して自分の枝は無意味な茨であるために、せっかく鮮明なる花の色も、傍の緑の葉と相映ずるような風情がない。その代わりには渺茫《びょうぼう》たる海の色、日の光が際限もなく、幽艶の美を助けているようである。八重の薄桃色のバラにばかりなれた目には、古代な紅色の単弁《たんべん》が、何よりもなつかしく感じられる。夏の北海の静かな真昼、白い長い沖の雲をこの木の傍に休んで見ているような心持が、まだわれわれに残されてある歌だ。

ハマナスの根の皮は、採って染料にしている地方がある。北海道などでは実を貯えて食用とする土人が多く、寂しい旅の者ならずとも、親しみを感ずる木であった。蝦夷《えぞ》の浦々にもいたる所に大きな群れがあったというから、夏場所の漁民らには、花の中に起臥した者も多かったろうが、記録には取り立ててその美しさを語ったものがない。自分が旅中に見てきたのは、白糠《しらぬか》以北の砂山から、釧路《くしろ》の港の後ろの岡などであった。今は開けてあのころの面影もないかしらぬが、寒地に行くほどたけが高くなるのではないかと思われた。砂地でない原野にも、いくらも生長していた。樺太ではアニワの湾内にも、オコツク海の岸にもたくさんあって、名は同じくハマナスであったが、木の姿と葉の形が、ともに内地のようではなかった。短い夏の間に繁殖の営みを終わるべく片枝は花が咲いて蝶などがきたり遊び、その脇にはまだ小さい蕾《つぼみ》もあるのに、一方は実がつとに熟して、きれいな丹色をなして垂れていた。そうして大海の深緑が、昔から変わらぬ背景であった。

合歓と椿

浜に咲く花はこの他にもいくらもあったろうが、たいていは今は忘れている。わずかに残った記憶の中を捜すと、男鹿の突角の高地、八戸《はちのへ》の後ろの山、津軽の十三潟《じゅうさんがた》の出口の野などでは、無数の蝦夷菊《えぞぎく》の野生を見た。花のたけは二、三寸から五寸まで、浅々とした草生地に、この花のみが踏むように多かった。これも紫はいたって淡く、少しく遠ざかれば葉の色と一つになった。町では花畠に植えられて大きくなり、紅白いろいろの変種もできたが、同じ名で呼ぶのを見れば故郷の地も推測せられる。まだ見ぬいずれかの海辺にも、こうして美しく咲き満ちた所があるのだろう。

海に臨んだ岡の片岨《かたそば》に、葛《くず》の葉の匍《は》い渡った所は方々にあった。越後の海府なども汽車で夏通ると、山はこれ一色で杉も槲《かしわ》も覆いつくし、深紅の葛の花ばかりが抽《ぬ》け出して咲いている。山が荒れ始めると第二次の植物として、一時この蔓草の特に繁栄する時代があるのか、あるいは牧畜業の衰微などにつれて、こういう偏重を招くものか。とにかくにこれは大昔以来の、ありのままの景色ではないように思う。

樹の花では合歓《ねむ》の木。これも日本海岸の広い区域にわたり、海を見る磯山の端に茂っていて、同じころにやさしい花をつける。裾のさびしい上を向いた花だから、少し高みから眺めるのが美しい。石川県ではある時代に防風林を造るために、松と混植すべく盛んに合歓の苗木を育成したことがあった。今二十年も過ぎたらあの地方の、珍しい風景に算《かぞ》えられると思う。

それから椿《つばき》の木は伊豆や熊野の村々では、あまりにありふれて目にも留まらぬが寒地に向かうにしたがって、しだいしだいに風景に参与してくる。東北六県の海の辺で、椿の繁茂する例は存外に数多いが、中部日本のように、自在には野山人里に散乱せず、たいていは一処にかたまって、ことに岬の端などに、できるだけ海に近く成長する。それが気仙《けせん》の尾崎や唐桑《からくわ》、あるいは秋田の椿の浦のように、付近に比べて特に温暖な土地だけに、限られているのは言うまでもない。津軽方面では深浦の椿崎、小湊の椿山などが珍しいものに伝えられる。後者は近年の保存法によって、天然記念物として指定せられたが、これらの分布がはたして天然であるか否かは、必ずしもすでに解決した問題でない。はたして純然たる自生であるとすれば、かつては北地一円に、平均気温のはなはだ高かった時代を想像せねばならず、人以外の者の運搬としては、互いの距離がやや遠きに過ぎる。しかも南人が北の国に入ってくるのに、その習俗信仰とともに、かねて崇敬する植物の種を携え、適地を求めてこれを養育したことは決して五穀実用のものに限らなかった。椿もまた特別の樹木の一つとして、社に栽《う》え家に移し、いわゆる園芸の先駆をなした上に、若狭《わかさ》の八百比丘尼《はっぴゃくびくに》のごとき廻国の伝道者が、手に持つ花の枝も多くは椿であった。蝦夷《えぞ》がこの地方を占領した昔から、特に後年神を祭るべき磯崎ばかりに、椿が自然天然に生育したものだと、論断する必要は少しもないのである。

槲の林のこと

話はやや北方に偏するけれども、ぜひとも言ってみたいのは槲《かしわ》の林のことである。皮革工業がこのように発達する以前、自分らが知ってから後までも、北海道の平野はいたる所この木をもって蔽われていた。開墾が進むとともにもとの木はすべて切られ、今はまた新たなる栽培を要するにいたったが、奥州の一角にはかえってまだ昔の面影を存している。日本のカシワは英語のオークとは別種であるか、画で見るような大木の話をきかず、また欧洲の諸旧国のごとく、神話古伝のこれに伴うものは少ないが、木葉に飯を盛った簡素の世よりして、カシワは人生とこまやかな親しみを持っていた。それが後ようやく初夏の節供の方式だけに、この葉を採るようになってカシワの山も衰微した。あるいは庭前にこれを栽える家はあっても、純なる林相はようやく見ることがかたくなった。東京近くでは相州の奥の山に近ごろになってわずかにその植林が始まった。

　ところが岩手県では閉《へい》伊郡の北端に、普代《ふだい》の官有林というのが海に臨む段丘の上にあって、広大な槲《かしわ》林であった。六、七年前に自分が通ったころ、世間の景気に誘われて売り払おうとしていたから、これも今は杉、ヒノキに変わったかもしらぬ。それからなお遥かに北に向かって、外南部の東通村には、人が忘れたかと思う純林が残っていた。それがまたかねて想像もしえなかった珍らしい海岸の風景をなしていた。今はどうなったか、重ねて尋ねたいと思っている。

　秋の初めのころであった。自分は尻屋崎の燈台を見て後に、山を越えて尻労《しっかり》の昆布採る浦に泊まり、翌朝は姉弟二人の小童を案内に連れて、猿ケ森という部落を見に行った。路は南へ三里余の平地であったが、日の照る午前十時前後なのに、ついに一人の通行者にも逢わなかった。密林の端に小川が流れ、それを渡って曲がるとにわかに明るくなったので、心づくとそこはカシワの林になっていた。その樹の大きさも葉の様子も、とんと東北でよく見る高桑畠の通りで、今にもその辺から犬の声、鶏の羽音がするかと思うようであったが、もちろんいくら行っても家も畑もなく、その寂しさは山中以上であった。

海はこの辺では広大な砂浜を隔てている。カシワ林のはずれには小さな沼が、いくつともなく一列に繋がっていた。沼の岸を通るときにはかえって心づかなかったが、それはことごとく昔の海の断片であった。地図の上で見るとよくわかる。これから南方の小河原沼にかけて、かつては一帯の長い潟であったのが、砂に押し付けられて萎縮していくものと見えた。午後にこの猿ヶ森の村を辞して田名部に戻ろうとする村境の峠の上から、いま一度振り返って東の浜を見た時には、こんな寂しいまた美しい風景が、他にもあるだろうかと思うようであった。見渡すかぎりのカシワの林に、わずかの村里などは埋もれつくしている。切り揃えたような緑の平面の外には、白々とした砂浜が横たわり、外は大洋が荒れ狂うている。これとは反対に内側の、カシワの林との堺には一列の静かな小沼が、たとえばエメラルドを緒に貫いたごとく、きらきらと光っていた。画にかくとしたらあまりに単純な、松にも巌にも縁のない風景であったが、自分としてはいつまでも忘れえない。

風景を栽える

自分はわずかに残存する前代の天然をなつかしむあまりに、やや不当に人間の改革を軽視したかもしれぬが、要するに日本人の考え方を、一種の明治式に統一せんとするが非なるごとく、海山の景色を型にはめて、片よった観賞を強いるのはよろしくない。何でもこれは自由なる感動に放任して、心に適し時代に相応した新たな美しさを発見せしむるに限ると思う。島こそ小さいが日本の天然は、色彩豊かにして最も変化に富んでいる。狭隘《きょうあい》な都会人の芸術観をもって指導しようとすれば、その結果は選に洩れたる地方の生活を無聊《ぶりょう》にするのみならず、かねては不必要にわれわれの祖先の、国土を愛した心持を不明ならしめる。いわゆる雅俗の弁のごときは、いわば同胞を離間する悪戯であった。

意味なき因習や法則を棄てたら、今はまだ海山の隠れた美しさが、よみがえりうる望みがある。つとめて旅行の手続きを平易ならしむるとともに、若くして真率なる旅人をして、いま少しく自然を読むの術を解せしめたい。人の国土に対する営みも、本来は花咲き水の流るると同じく、おのずから向かうべき一節の路があった。天然は始めから、彼らによって破壊せらるるように、用意せられてあるのであった。しかも地理の学者は強いて破壊というけれども、それは単に変更であり進化であった。必ずしも装飾の動機を持たずして、人の加えた変更にも美しいものが多かった。単なる人間味という点だけでも、荒野荒海の中にいる不安を、鎮めまたやわらげる力がある上に、人の仕事は概して色彩の増加であって、しばしばこれによって原始の一本調子に、こころよい変化を与えていたのである。

だから日本の近世の風光にも、なお人間の干渉に多謝すべきものが多かった。たとえば農業は植物の種類を複雑ならしむるところの作業である。緑一様なる内海の島々を切り開いて、水を湛え田を作りれんげ草を蒔き、菜種、麦などを畠に作れば、山の土は顕われて松の間からツツジが紅く、その麦やがて色づく時は、明るい枇杷《びわ》色が潮に映じて揺曳《ようえい》する。ヒバリやキジが林の外に遊び、海を隔てて船中の人が、その声を聞くような日が多くなる。浜近くに多くの家が群がり住み、歌い笑い燈火を高く掲げなかったら、月なき夜の浜の景色は、今よりもはるかに寂しかったろう。伊予の西岸には新たに山腹を耕して、桑を栽《う》える風が入って来た。すなわち桑の葉の若い緑は、珍しい春色をこの地方にもたらしたのである。

その他舟を繋がんとする岸には垂柳《しだれやなぎ》を移し植え、山に新道を開けば路の曲がりには、小家を立て多くは若干の樹を栽える。必ずしも海の入日の前に散り乱るることを期せずとも、自然にそのような情景を催して、旅に倦《う》みたる者をして佇立《ちょりつ》せしめる。自分などの生まれた国では、花は山に入って尋ねてみるもので、寺か社でなければ庭前にこれを賞する風はなかったが、好事裕福の俗人が名聞のためにでも、閑静の地に家を構え、もしくは人が公園などと称して、高い所を切り平げて赤土にすると、そこにたいていは早く成長する梅、桜の類を栽えずにはいない。女や子供の立ち寄って喜び見るばかりでない。それがもし大海の岸に臨んでいたならば、海自身もまたその千古の寂寞《せきばく》が、かかる無邪気なる人間の遊戯によって、わずかに一展開せんとする形勢を悦ぶことであろう。

（大正十五年六月「太陽」）

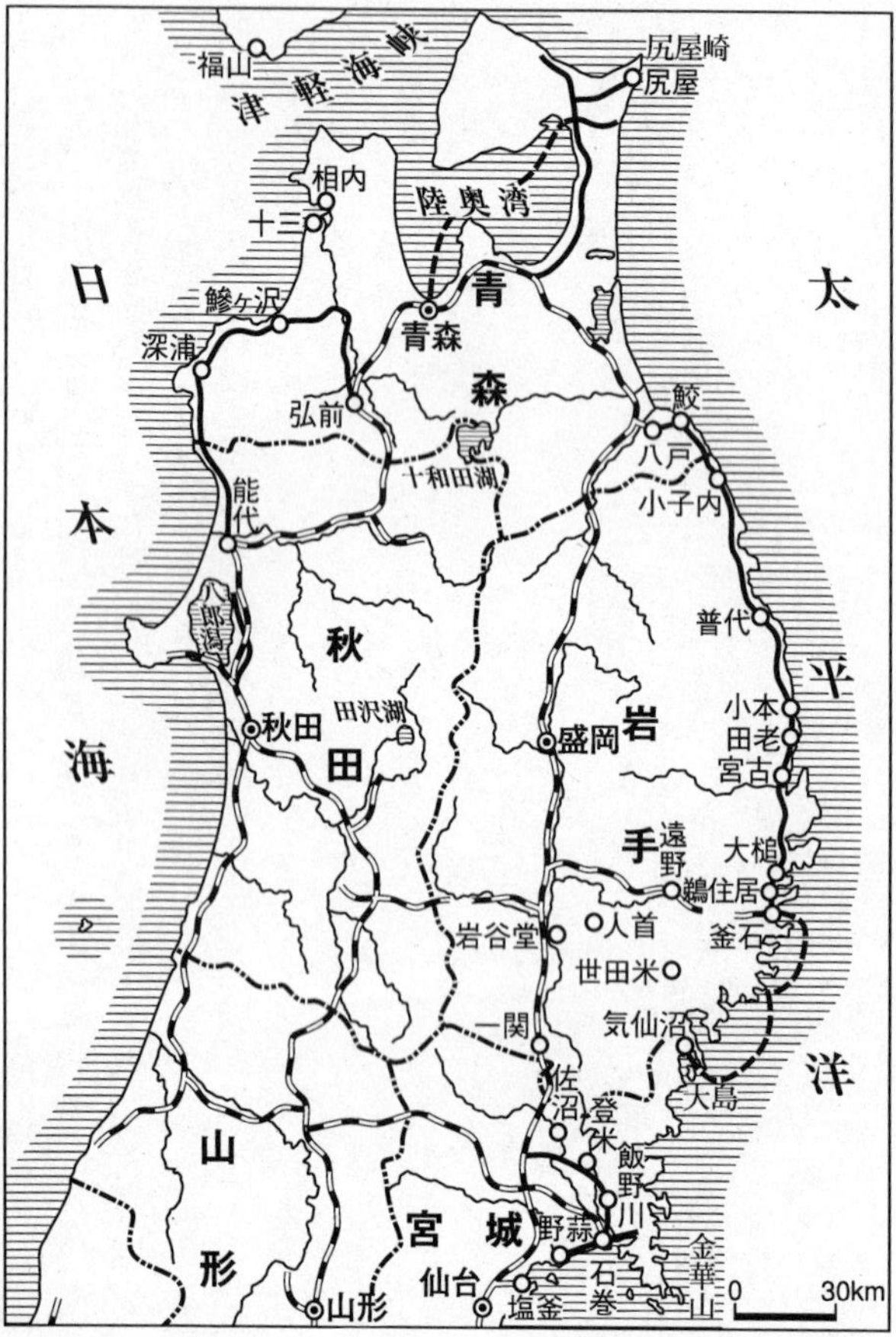
福山
津軽海峡
尻屋崎
尻屋
陸奥湾
相内
十三
日
本
海
太
平
洋
青
森
鯵ヶ沢
深浦
青森
弘前
鮫
八戸
十和田湖
小子内
能代
八郎潟
普代
秋
田
岩
手
小本
田老
宮古
秋田
田沢湖
盛岡
遠野
大槌
鵜住居
人首
釜石
岩谷堂
世田米
気仙沼
一関
大島
佐沼
登米
飯野川
山
形
宮
城
野蒜
石巻
金華山
仙台
塩釜
山形
0
30km

豆手帖から

仙台方言集

仙台の土井教授の夫人が、最も新しい型の「仙台方言集」*を作ってわれわれに見せられ、また世上今日の奥さま方に、奥さまにもできる仕事の最も上品な一例を示されたことは、一年たったからもう忘れてもよいというような小さい功績ではない。外国にはこの方面にいわゆる男まさりの研究者がずいぶんあって、自分らがわずかの調査をして得意になろうとする際などに、おりおり苦笑いをして発奮させられるような本を著しているが、日本ではまず一般にはなお準備時代であるようだ。方言とか俗信とかいう緻密な観察の入用な学問には、髭のない人のほうがあるいは適するのかもしれぬ。どうか早く静かなる一隅の努力ではなく、皆で集まってこんな問題でも討議するような国にしたいものだ。

ご婦人のお話に口を出すのは失礼だから、その流行の始まらぬ今の内に申しておくが、方言の問題で第一に決せられねばならぬのは、何よりもまず「方言とは何ぞや」であろう。大学で聞いたのでないから確かではないが、東京のごとき集合地に久しくいて見ると、首府以外の地で使うのが方言だと、簡単にきめてもしまわれぬようである。しからば古い形に最も近いものとか、または最も多数の人に用いられる形とか、どういってみた所がそうたやすく、標準語が見出されるものではない。早い話が「然り」に該当する京都のヘーが、九州のある地域のエーだのネーだのあるいは北東日本の、ハイだのアだのを排擠《はいせい》して、標準となるだけの資格がどこにあるだろうか。

それにもかかわらず、はたして単純なる大胆さの結果かどうか。地方の教育者の方言蒐集《しゅうしゅう》は、常にいわゆる匡正《きょうせい》を目的としておった。幸いに成功はしなかったが、これによっていい加減乏しい国語の数と、言い現わし方の種類とを削減しようとした。しかも最も耳につく発音法や抑揚にはその力が及ばなかったのである。かりに方言匡正家のいわゆる標準語を繫ぎ合わせて、物を言ってみたらいかがであろうか。まるで書物で日本語を稽古した外国人のような感を、与えずしてやまぬではあるまいか。同化の力としてはおそらくは文学が最も有力であったろうが、その文人とてもやはり多数の東京人とともに、漠たる見当に向かって絶えずわが言葉を矯正しつつある、田舎出の諸君ではなかったか。

野鄙《やひ》と風雅との境界線については、将来も久しく大議論が続くであろう。しかしそんな差別はわれわれの高祖も想像せず、末孫も感じあたわざる差別である。いわんや一歩仲間からはずれて考えると、同じ時代においてもなお不可解で、われわれはアイヌの社会に、沙留と石狩とがどれだけ異なるかを知らぬのである。方言でいってみても事実は一様で、いかによく似ていても沖縄では琉球語を独立した言語とし、与論島や喜界島では方言となるのは、結局は「これでよいのだ」と思うと思わぬとの差である。もっと適切に申せば笑われる語、匡正したくなる語が方言である。したがって国民の結合が強くなって、しだいに顕著なる現象が方言、方言の注意せられるのも国運隆盛の一兆候と言いうる。北米合衆国の国語はあの通り出処が明らかで、仙台語と東京語とよりもはるかに距離は近いが、何人がこれを英語の方言と名づけようか。要するに笑うと承知せぬ人々が、これを使っているから独立した国語なのである。

こうなると標準語の決定ということは、いよいよ容易ならぬ問題になってくる。たとえば仙台の語彙《ごい》と用語法とを集めて方言集と題するのが、当を得ているか否かが疑われる。自分は仙台にくるたびにこの都会の都会らしさを感ずる。帝都でもないのに森のミヤコと呼ぶのは、方言以上に感服せぬが、とにかく完成したる大城下町である。教育者はどうか知らぬ。その他は軍人でも商人でも、静かに微笑しつつ、いささかの煩悶なしに仙台弁をあやつっているらしく見える。そうして少しは他国者の物言いを笑っているらしくもあり、また永く住む者を同化する力もある。まだ決して方言とはなりきっておらぬのである。『源氏』の夕顔の巻などを見ると、都人の田舎に制御せられたのも久しい昔からである。願わくは将来大いに東北を振興させ、清盛の伊勢語、義仲の木曾語、六波羅探題の伊豆語・鎌倉語、室町の三河語等の力をもって、今の京都弁を混成したごとく、近くはまた北上上流の軽快なる語音を廟堂《びょうどう》に聞くように、少なくとも一部の仙台藩閥を、東京の言語の上にも打ち立てしめたいものである。

失業者の帰農

東京・大阪で失業々々としきりにいうのは、新聞の誇張ではありませぬか。この村などでは近年ずいぶん出て行きましたが、まだ一人も帰ってきた者はありませぬ。これが私を泊めてくれた家の、主人の方の疑問であった。何だか知りませんが、一年増しに奉公人が少なくなるのには困りますといって、細君はしきりと立ち働いている。豊かな家庭でも款待《かんたい》の意味で、主婦が出て世話を焼くのは、質素な東北の旧家の慣例ではあるが、そのためばかりでないことはたやすく想像しえられた。

この辺などはいかなる人夫募集員が来ても、決して成功すべき土地ではない。出て行く者は常に自分の考えから、たとえば家の姉にしっかり者の婿が来たとか、母親が違うとか、あるいはこれよりもいまいっそう微妙な感情から、おりたくないゆえに出て行くので、非常に零落するか（小農にはもう零落の余地もないようだが）、または非常に立身しなければ、まずは帰らぬつもりなればこそ、遠方へは行くのである。生活上の圧迫といえば他の地方も一つだが、拓くにも作るにも地面がないという村里から、あまって出て行く者とは事情がまるで別である。しかしながら原因はいずれであっても、去らねばならなかったもとの村へ、満期の兵卒や伊勢参りと同じように、用がなくなれば戻ってくるものとは、どうしてまた考えたのであろうか。自分らは時としてこの類の政治家の心持を疑い、あるいは知りつつそんな気休めを言うのではないかとも思う。そうでなければあまりに無識なる臆説である。移民を渡り鳥か何ぞのごとく思っている。同情のない話である。

あるいはまた製糸と織物の工場だけはよろしい。労働者が多くは女だから、というような説もあった。女なればどうしてもとの村へ帰るのか。また何をしに帰ってくるというのであるか。十三、四、五から縫針の稽古もせず、幼ない者の泣く理由も経験せず、同じ年ごろの者とばかり笑って日を送り、田植、稲刈はもちろんのこと、女房のする仕事は三分の一も知らぬ女を、普通の農家が何で嫁にほしがろう。多くはもどってこなかったのと同じような、身のかたづけをするにきまっている。もとにさかのぼれば必要があって、村から外の工場に雇われに出た者が、やめられて途方に暮れぬはずがない。町の長屋の女たちの内職を見てもわかることだ。軽々しく出たから軽々しく、原状回復ができると思うのは、まことに無責任な遊民増加策で、かつ工場主の我欲を弁護する者である。

おまけにいわゆる帰農は必ずしもめでたいものでない。自分は痛ましい実例を知っている。越前灰帽子《はいぼうし》峠の口の秋生《あきう》などは、男は鉱山の出稼ぎが本業で、女ばかり多い寂しそうな村だ。それをどうして知ったか毎年大阪の工場から、一人につき何円かの歩《ぶ》をもらう募集員がきたり、または前に出た娘に手紙を書かせたりして、年ごろの者をたくさんに連れて行く。大阪からは中形の浴衣で写した写真などがくるのに、山村の生活は荒くしてかつ苦しい。山坂を登ってわずかな畑を作るために、肥料は小さな桶でちゃぶちゃぶと肩にかけて運んであるくと、時として若い嫁娘の黒髪に天下最悪の香水がしたたることもある。こういう中にいちじるしく目に立つのは、おりおり日向《ひなた》の障子を一枚あけて、色の蒼白い者が坐って旅人を見ておることである。この村では若い婦人が死んでいけません。三人や五人ではないのですと、駐在の警吏も惜しそうに語った。一人も残らず何かの繊維工業に働いていた者だというから都市の埃《ほこり》の中に初めから育った者よりも、空気のよい山村の住民は、あるいはかえって抵抗力が弱かったのかもしれぬ。せっかくのいい風景の中へ、死にに帰ってきたのは哀れだが、もしまた中ぐらいの健康で永く村にいたらどうであろうかと、戦慄するような結果が想像せられたのである。

人間が増してどうしても出るのが制止せられぬなら、永く行く先に落ちつくような方法を、ぜひとも考えておいてやらねばならぬ。三月や半季の土工人夫などに世話をして、職業仲介の公務がまっとうせられたと思ってはならぬ。帰農ももとより労働の一機会ではあるが、棄てておいてももとの穴へ入っていくと見るのは、恕《じょ》しがたい無理である。いったんあけ渡した空隙は必ず何ものかが充たしている。別に新たに設けてやらなければ迷うのが当然だ。当節は農民はどこへ行っても同じ農民である代わりに、村に占領せられず村に利用せられぬ国土はほとんどない。有形無形の加入金を徴収せず、カリフォルニア人と正反対の態度で、他所者を迎えるような村などは作らなければ自然には一つもない。これを知らずに帰農を説く人は、気の毒というよりもむしろ憎い。

子供の眼

目が心の窓だという諺は、旅をする者には一番よくわかる。二十の紹介状、五十の名刺をくばってあるくよりも、さらにはるかに好都合なのは、自分の心の窓のすりガラスでないことと、田舎の心の窓の風通しのよいことである。よく旅から帰って、その地は人気がよいの悪いのという人も、その確信を証拠だてるまでに、多数の地方人と交渉または取引をしたのではない。やはり口では言い現わしえぬ目の交通が、しだいに空な感じと思われぬまでに、強くその印象を与えるからである。電車や汽車の中でもいろいろな眼の光に接するが、それは主として草野を行くような変化の興味である。これに対して村里に入れば、その種類がほぼ揃っているために、いよいよ言語に代わる程度に、濃厚に人を動かすのである。

窓の譬えをなおくり返すならば、旅人は別に所在もないために、終始この窓にもたれているのである。その窓前を多数の内部を知らぬ建物が動いていく。建物にはおのおのまた窓がある。のぞかずにおられぬではないか。またあちらでも窓の側に立っているらしい。もちろん中で喧嘩をしたり昼寝をしたりしているのもずいぶんあるが、もともとこういう旅人を見るために開けておく窓だから、ちょっとでも利用しようとするのが普通である。全体に口の少ない社会だから、われわれが言語を備いまたは耳を利用するような場合にも、人々は目の窓だけですまそうとする。したがって見るためよりも見られるために、語るあたわざることを語らんがために、田舎の目ははるかに有効に用立っているようである。都会の目は多くは疲れている。こちらでは澄んでおるから中の物もよく映るのであろう。民族性というほどのものではないであろう。

小児には何十回となく、目をもって商売を問われ行く先を尋ねられ、または手に持つ本やタバコの名をきかれたが、別にそれ以外にそれよりも交渉は淡く、人間としてははるかに有力なる宣言を、今度の旅行にもこの目をもって二度聞いた。石巻《いしのまき》から乗った自動車が、岡の麓の路を曲がって渡波《わたのは》の松林に走り着こうとする時、遠くに人と馬と荷車との一団が、斜めに横たわって休んでいると見た瞬間に、その馬が首を回して車を引いたまま横路に飛び込んだ。小学校を出たばかりかと思う小さな馬方が、綱を手にしたまままころんだとみた時には、もうその車の後の輪が一つ、ちょうど腹の上を軋《きし》って過ぎた。

それでも子供はまっすぐに立って、三足ほど馬を追って振り返ってちょっとこちらを見て、腹を両手で押えてまた倒れた。反対の側の輪に力が掛かっていたともいい、路面に深い凹みがあって、あたかもその中に転んでいたからともいって精確でない。とにかく病院に連れて行かれてその時は助かったが、ただの一瞬間の子供の目の色には、人の一大事に関する無数の疑問と断定とがあった。その中で自分に問われたように感じたのは、おりもおりこの刻限に、どうしてここを通り合わせることになったかという疑問で、それがまた朝からいろいろの手配の狂い、計画の数回の変更が、ちょうどこの場へ今われわれの自動車を通らせることになったのを、一種の宿命のようにも取ることができたからである。

中一日おいて次の日には、自分は十五浜からの帰りに、追波《おっぱ》川を上ってくる発動機船の上にいた。大雨の小止みの間に、釜谷《かまや》の部落を見ようとして甲板《かんぱん》に立つと、曳船を頼むといって濡れた舟が一つ、岸に繋いである所へ一群の人が下りてくる。石巻の医者へつれて行くチフスの病人と聞いて、事務員が面倒な条件ばかりを出すのを、一々首をもって承認して釣台を担いで乗ろうとする。年とった女が二人付いてくる。荷の軽さが子供らしいので、なるべくこの窓だけはのぞくまいとしていたのに、やはりはずみがあってその子供と目を見合わせた。『今昔物語』に鹿の命に代わろうとした聖《ひじり》が、猟人《かりうど》と松明《たいまつ》の光で見合わせたという類の遭遇で、ほとんど凡人の発心《ほっしん》を催すような目であった。

たぶんは出水の川船の数里の旅行の後、石巻で亡くなったことと思うが、それは十一、二ばかりの女の子であった。草の堤をやや下りに、船を見ようとして私を見つけたのである。目の文章は詩人にも訳しえまいが、あるいは自分を医者かと思って、お医者さんなら遠くへ行かずともすむのにと、考えたらしかったのが哀れであった。

こんな場合でもなければ、子供の目は常に幸福である。よその多数の幸福を知らずに、安々とした目をしているのが、旅人にとっては風景よりも歌謡よりも、さらに大なる天然の一慰安である。

田地売立

吉川子爵は宮城県の各郡に、大分の土地を持って小作させておられる。ちょっと意外のようだが尋ねてみると、相応に因縁はあるものである。特に興味を喚《よ》び起こすほどの歴史でもないが、つまり陸前低地の一帯に散布する巨大なる地主と、単に占有開始の年代を異にするのみと見れば間違いはない。迫《はざま》川の岸に接した一農場は、細田氏という人が実際の管理をしている。細田君は遠田の農学校の出身で、自身も屈強な農夫である。六十町余の田を五反、八反ずつ、近村の農家に貸渡して、今では五町と畠一町を作るばかりだが、十年前には三十何町を自分で小作したこともある。有名な東北凶作の後、人の手があまって二百人、三百人、日雇志願に押しかけてことわるに困るという有様であったから、多くの年季男もおかず、これほどの大面積を三日足らずに植えた年もあったが、明治四十二年を境にして、不思議にぱったりこなくなった。しかもこの県には今なお数人の年季雇と数百人の日雇とを働かせて、十町、十五町の田地を自作する地主も稀れではない。年季雇の様式には古風な点が多いそうだ。何時まで続こうかと地主自身もいっている。日雇を使うほうがおいおい増加するのは、いたって自然なる趨勢《すうせい》である。それには若干の小作地を与えて、付近に住みつかせる方法もある。いずれにしても雇傭の条件が面倒になれば、この次には小作が増加するであろう。

小作は土地も悪いが、借料も中部日本と比べて低廉である。米価が上がって小作希望者の競い進んだ時代にも、格別これを奇貨として引き上げようとした地主はなかったらしい。察するところ大地主には小作人を離散させてはならぬ緊切な利害があるためで、したがって三流、四流となるとその影響を受けて、純然たる小作収入では計算が立たず、自作をしようにも気力と方法を欠くという類の中途に迷うている者が多いことと思う。それにもかかわらず小作人の小地主になりたがる希望は近年なかなか強くかつまたこれを促した原因もあった。土地の糶売《せりうり》はすなわちこれであって、小民は宝物でも持つ考えで土地をほしがる、いかに米が高くなっても、郵便貯金の利子にも足らぬような法外な金を払ってまでも、多少関係ある田地を人に持たせまいとする。他府県でも聞く反《たん》千円の相場は、陸前のヤチ田にも稀れでなかった。よく言っても経済知識の欠乏、悪く言えば病的の現象だが、どうせむだ使いに捨てる金だからと弁護する人があるかもしれぬ。とにかくこうして手に入れた田なら、よくよくでなければ売り放すまい。つまりは誰かの希望のように、いたって確かな小農地主のできたことのみは事実で、ただそれまでに土地の所有に恋いこがれる者に、何とかして一反の金で二反の田を、持たせてやりたかったと思うのみである。

昨年の秋とかにも古川町の芝居小屋で、大規模の田の糶《せり》が行われた。数週前から売るべき田地を一筆ごとに、所在番号その他を掲げて公告し、なお印刷にも付して広く回したようである。骨董品《こっとうひん》より始末の悪いのは、ほしい人にあきらめと算盤《そろばん》とのないことである。その上にまだ仲に立つ才取りのような者があって、鞘《さや》を取って売るつもりで、一時買っておいてまた糶《せ》らせる。小さくすればするほど高く売れるとは当然の事ながらこ とに気の毒笑止である。こんな例は決して二回や三回でない。まずは米高初期以来の地方的流行であった。一時中絶していてもまた起こるに相違ない。地主にとっても利益のことではなく、門閥の大木に根廻しをするようなもので、もしその売上金が紙数ばかり多いこのごろの株券にでも変わっておれば、あまりに覿面《てきめん》な結果であった。社会からいえば自作のできぬ地主などはなくてもよいが、評価の一点だけには何としても遺憾がある。今十年も待たせておきたかった。

あるいはこの県の土地事業を中止した荒井泰治氏が、持地を処分した方法が真似られたので、同氏をこの流行の鼻祖《びそ》とするという一説もある。それはたぶん荒井氏が慧敏《けいびん》で、かつ時々は両国の美術倶楽部などに行かるるために立った噂であろう。東北地方で参考にするなら、何も清辰の輩を煩わさずとも、付近に若駒の糶庭《せりにわ》というものがある。これと比べて違ったところはわずかに一点、駒では売主が愚直の農民で、買手が横着欲深の馬喰《ばくろう》なるに反し、田では買手がさらに無思慮な小作人であることである。

狐のわな

「なアに、あの木は皆クルミではがアせん。この辺でカツの木という木でがす。燃すとぱちぱちとはねる木でがす。

「桜はもう見られなくなりました。もとはこの山などは、春になると花で押しけえすようでがした。今の人たちは花の咲くまで、おがらせて置かないからわかりません。

「獣かね。当節はもう不足でがす。なんにー、鹿なんか五十年も前からおりません。もとは貉《むじな》が出て豆を食って困りました。犬を飼っていて、よく嚙み殺させたものでがす。

「その内に犬が年ィ取って、歯が役ウせぬようになってしまいました。横浜のアベ商店に売ってるとって、機械を買って来て使っていたのでがす。なんにー、三寸くれエの、まん中に丸いかねがあって、ちょいと片っぽの足をのっけると、かたりと落ちるようになった、虎挟《とらばさ》みといったようなものでがした。ベイコク製だといっておりやした。十年も使って何と、この春しょう分を受けて、お上さ取り上げられてしまいやした。「悪いこったと知っておれば、隠すのは造作もなかったのでがす。二月にその機械で狐を二匹捕って、すぐに町さ持ってって売りました。そうすると飯野川《いいのがわ》の警察から喚びにきたから、何だかと思って行ってみると、罰金を五十円出せばよし、金が出ねエなら五十日きて稼げと言います。

「子供に金エ遣わせるでもねエ。おれもまアだ達者だ。行って稼いでくべいと申しやしたら、今まで一ぺんも牢に入ったこともない爺さまに、七十にもなってそんなことをさせたくねエから心配すんなと申しやしてね、持って来て五十両出してくれやした。「一どきに持てくにおよばねエ。切って出してもいいのだと、教えてくれた人もありましたが面倒くせエから皆出してきやした。そうか持ってきたか、そんだらおら裁判所さ届けてやるべって、よく顔を知ってる巡査さんが、書付けを書いてくれまして、機械と五十円とですんだのでがす。

「あんなよくできた機械は、もうないだろうって言います。法律があるなら仕方がない。ただ一ぺんは知らせてくれればいいのに、惜しいことをしました。

「こんな一軒屋に住んでるもんで世間を知んねエ。わしらア別にこの沢を開きに入った者じゃないのでがす。二十年も奉公していた旦那の家の桑畠が、もとからここにござりました。つまり桑の番人でがす。倅《せがれ》どもはそちこち出てしまう。外に行く所もない。婆さまがいなくなったから、末の娘に飯を炊かせてエともって、婿をめっけたのでがす。

「そうでがす。喧嘩をしても仲裁にきてくれる隣がないから、うっかり喧嘩アしられません。ハハハ。

「これでも路端に近いので、時々人が寄って来ます。あんたのような忘れ物をした人もあれば自転車がこわれて困った衆などがきてね。鉄槌はないかだの、釘抜を貸せのと言います。中には空気ポンプはないかなんていう者がたびたびありますからそんなに入用な物なら、おれは乗りようも知んねエが、一挺買っておくがいいとって、おいてありますよ。

「雷さまが急に鳴り出すと、きっと誰かかけ込んできます。雨がやみそうにもないと、傘を貸すこともあります。

「なアに、たいていは通るのは知った人ばかりだ。一ぺんだけ一昨年、だまくらかして持ってった人があります。飯野川のよく行く店の若え衆だと言いました。買ったばかりの傘だが、まだそのころは安かった。それでもあんまり久しく届けてこねエ。町さ出たついでに廻ってもらってくべいとって、おら自分で行って見ました。そうするとそういう人はいねエって言いましてね、全く店の名をかたったのでがした。遠方《えんぽう》の者だろうということです。おれはこの年まで、石巻《いしのまき》までもめったに出ねエ者だが、おれの馬鹿なことはよっぽど遠くまで聞こえてるといって、家で笑っていたことでがす。

町の大水

宿に着くころまでは、雨はひどかったが靴の汚れるほどの路でもなかった。それがおそい昼飯を食う時分には、向かい側の町役場の前で人声がして、出てみると救助の小舟を物置から担ぎおろしている。いよいよ水がくるかなと思いながら、風呂を知らせてきたから行って入った。番頭はよく話をする。それでも後には水の話になって、今年が七年目だそうですからなどと、少しは心配そうである。

髭《ひげ》などを剃っているうちに、外はもう暗くなった。ちゃぶりちゃぶりと水の音をさせて歩く者がある。最初は子供がわざと水溜りを通るのかと思っているうちに、だんだんと音が大げさになる。手摺の上から西東の通りを見ると、町ははや家々の燈火が映るまでになっていた。そのうちに大掃除の時のような音が下でする。畳を揚げ出したのである。空いていた隣の室に、病人づれの下の客が引っ越してきて、ため息をつきながら床を取っている。困った困ったなどという声が聞こえたがやはりほどなく自分とともに、闇を透かして水の様子を見ようとしているのである。向こうの町役場には高張がつき、提灯がおりおり出入りをする。

翌朝眼を覚ますと、もう手水場にも行かれぬようになっていた。町の水は下手から流れてくる。本流が高くなったために、それへ吐き出すはずの水が皆もどってくるのである。いろいろの板切れなどが浮いて上手へ行く。こちらの様子は柳が蔭になってかえって見えないが、向こうの家々は二階の雨戸を少し開いて、いずれも無邪気な小児の顔が、二つ三つずつのぞいている。飲水の手桶を庇《ひさし》の屋根に上げた家もある。坊主頭に鉢巻をした爺が、竹を杖に突き着物を臍《へそ》の辺までまくって、三度も四度も水の中をあるく。これが何をするのかはついにわからなかった。

やがて各種の筏《いかだ》が通行する。巡査や消防方もたくさんに出ているはずであるが、他にも急場があると見えて、ねっから姿が見えぬ。この辺にくるのは非公式の筏ばかりである。縁台を裏返したのもある。また何とも知れぬ板や棒の類を急ごしらえにくり合わせたやつで、途々《みちみち》材料を拾い上げて改造しようとする者もある。盥舟《たらいぶね》もいくつか出てくる。全体に取り敢えず出て見たという風で、二階から眺めて笑うやら、笑われて急にふざけ出すやら、筋向かいの金満家の屋根では、小旦那が上って写真を撮る。小僧が頼まれておかしな風で乗りまわす。誠にのんきな災害で、何だかおもしろずくの顔つきが多い。たまたま用のありそうな人は、かえって筏もなく衣物を高く揚げて水の中を渉っている。

隣室の女の病人は近在の人だそうだ。欄干《らんかん》に近よって自分も笑いながらだが、村ならこんな事はない。百姓は一生懸命なものだ。わが家が早く片づけば、ちっとでも人の分を手助けしようとする。だから後でがっかりするのだなどと、すこぶる所感を述べている。それを平気で聞きながら、番頭や女中も客と同じように、長い衣物で水の流れるのを見ている。ああもう村のような水は飲めないと、不意に病人が歎息する。なるほどこうして濁流を眺めていると、自分などにもそんな心持が起こる。

この出水は一日だけで、夜のうちに宮城県の方へ引いていってしまった。翌朝は町に足駄の音が聞こえ、日はかんかんと照っている。さっそく汽車に乗って出て見ると、市街が乾し物で大騒ぎであったに反して、在方では麻畠も桑畠も真白な泥の下になり、どうしてもとの美しさに復《かえ》ろうかと案じ煩うごとくに見えた。第二の町では出水がいっそう急であったために、被害は数倍のはなはだしさであった。橋が墜ちてその袂の大きな家は、土台石が流れ、柱が傾いている。濡れた籾や玄米が二、三石分ほども路の上に干してあり、腕組みをした人が何人もその付近に立っている。それでも早その橋跡の小川の岸に来て、屈托のない顔で釣をする者が若干ある。村であったら実際後ろから突き飛ばされたかもしれぬ。

安眠御用心

どうしても寝られぬ晩があって、こんなつまらぬ事を考えた。

宿屋の表二階というやつは風情の多いものだが、蚤の多い晩だけは賛成しかねる。ことに東北では雨戸を立てないから、およそ町中の一夜のでき事は、ことごとく枕頭に響いてくる。まず皿小鉢の甲高な音楽がすむと、女中の叱られない家なら赤ん坊が泣く。表を締める前に一しきり、涼みがてらに路を隔てて向こうの家と話をする。若い衆が笛を吹いて通る。わさわさとどこでか立ち話の声がする。早起きの家の起きる時刻と、宵っぱりの家の寝る時刻との間が、夏はまことに短い短夜でその間に犬が吠える。鶏なども決して目覚し時計のように精確なものではない。電燈の結果か東京では十一時ごろにも鳴く。この町でも一番鶏が一時前だ。さんざん羽ばたきをし、かつ鳴いておいてから、彼らはまたぐっすりと寝るらしいのである。ほんとうに憎いやつだ。

肉や卵の目的がなかったら、何でこんな動物を飼うかを疑ってもよいのである。しかるにこれ以外に、寺に頼んで一時間ごとに鐘をつかせる。夜番と称してせっかく静かな雪の晩などに、間断なくどならせる、拍子木《ひょうしぎ》をたたかせる。自分らの解しえないのは、これをしも名づけて町の平穏を保つ手段とすることであって、ほとんど夜寝ることを平和以外の事業と見ておるかとさえ怪しまれる。「眠りよ何ゆえに我を見捨てし」と、歎息した王さまが一人でもすでにあったとすれば、もうこの現象は一つの社会問題であったはずで、そうしてまだ解決せられてはおらぬのである。

歴史に溯ってみると、警戒は生存の一要件であって、また団体生活の提供する一大便宜でもあった。雁やイルカは一個の代表者に警戒の責任を負わせ、他は皆寝るから労力の経済のようだがその代わりには時々襲われて打ち殺されかつ食われる。人が森に住んで猛獣までを敵にしていた時世には、静かなる眠りは最大の危険であったから、すなわち火を焚きこれを取り囲んでいろいろの話をして、いわゆる睡魔のきたり侵すを防いだ。人類にこの夜番というものがなかったら、多くのおもしろい伝説は伝わらなかったはずである。南洋のボルネオなどは、赤道直下の常夏《とこなつ》の国だが、それでも土人は山に入ると火を焚き、火を焚けば終夜話をして、少しも寝ようとしなかったそうである。そうして昼間一人になると、いたる所にころげ込んで休息するには困ったと、ローレンス博士の『ニューギニア探険記』にも書いてある。

つまり前代のわれわれは永く寝ては大変だから、なるたけ四辺近所を物騒がしくしておいたのである。蚤《のみ》でも蚊《か》でも必要な機関だ。かつてある老人が若い者に言って聞かせていた。もし蚊というものがいなかったら、お前たちはきっと外でばかり寝て、そうして身体を悪くするだろうと。この意味から言えば、蚤もまた天然無代価の枕時計であって、ただ近世の鶏などと同じく、いささか時間の精確でないのを遺憾とするばかりである。これを厄介物視するがごとき輩は、はたして国民中の零コンマの零々何パーセントあろうか。多数の健全分子、すなわち起きていて少しく眠り、寝ていて少しく起きる必要のある人々にとっては、夜暗にこの類の触覚聴覚の刺激のあるのは、あたかも白日の下に花あり胡蝶あるごとく、むしろ単調生活の芝生における、一種飛び石のようなものである。

しかるにわずかばかり西洋の慣習を学んだ者が、いや鍵を掛けろの壁にしろのと、行われもせぬ旅館改良論を唱えるのは、本末を誤った紋付シルクハットの滑稽で原首相のいわゆる日本の国情に合せざる外来思想の一つである。個人警戒の必要を根絶するか、代表警戒の全責任を負うてくれるか、ないしは人民の過半数を不眠党に編入しえた後でなければ、そんな献策は空想というものである。日本現在の諸制度は、今なおよく寝られて困る人々のために、できているということを知らないか。

古物保存

陸中人首《ひとかべ》の村長さんは、故千家尊福《せんげたかとみ》男に少し似た白髯の翁である。自分はこの無口な老人に一言をも費やさしむることなくして、一目見てただちにそれが沼辺氏の遺臣であることを知った。すなわち偶然に討死をしなかった勇士の子孫である。人首の嶺の北は径《こみち》に富んだ小友《おとも》の山地である。天下がもし乱れたとすればいたずらに麓の館に立て籠ることは地形が許さなかった。即座に峠を越えて隣領に、小勢を顧みず斬り込まねばならぬ大切な切所《せっしょ》で、それゆえにこそいわゆる頼みきったる宗徒《むねと》の面々を、伊達《だて》家でもこの辺境には置いたのである。

今日すでに無用に帰したのは、単に過去の理想の壮烈さだけである。世の中が変わったとても、村人がひき続き旧物を敬愛するには少しも差し支えがない。ただ日本人がこれを名づけて史蹟記念物の保存という場合のみに、自分などには若干の異議があるのである。保存というからには捨てておけばなくなる物でなければならぬが、万人仰ぎみるともいうべき人首唯一の話柄に、はたして保存の必要があるかどうか。高輪《たかなわ》の泉岳寺《せんがくじ》が今の倍数ほどの借家を建て、同時に門前のお土産屋《みやげ》が一軒もなくなったとて、府や市が石の榜示を立てなければ、四十七士の墓所の不明になる危険はないはずだ。そんな事をいいながら、冷淡な遠国人などの、気がつかずに通り過ぎようとする者の耳を引っぱり、何でもかでもこの話を聞かせようとするのではないかな。

いわゆる訓育的効果に随喜する一派の老人以外、古物保存にはなんのために保存するかの問題がある。われわれの子孫は概括的にはわれわれよりも賢いはずである。賢くなって後なお考えてみようにも、つとにその材料が亡びていては甲斐がない。だから保存する必要があるものとわれわれは解している。そうすれば形のない物よりはるかに消えやすい。筆豆《ふでまめ》でも口豆《くちまめ》でもない人だけが知っていて、今にも空間に飛び去ろうとする多くの昔話が、この江刺郡の山村にもたくさんあることを、自分は偶然にも友人から聞いて知っているのである。しかるに役場の報告の控えを見ると、ただ館山《たてやま》と五輪峠とだけが注意せられている。あまり数が多過ぎて県庁の趣旨に合わぬというなら、それと取り替えてこちらを保存してもらいたいような実例に次のごとき話もある。

竈神之由来

昔々爺と婆があった。爺は山に柴刈りに行って、大きな穴を一つ見つけた。こんな穴には悪い物が住むものだ。塞いでしまった方がよいと思って、一束の柴を穴の口に押し込んだ。そうすると柴は穴の栓《せん》にはならずに、するすると穴の中に入っていった。また一束を押し込んだがその通りで、それからもう一束もう一束と思ううちに、三月の間に苅った柴を、ことごとく穴へ入れてしまった。その時に穴の中から、美しい女の人が出てきて、たくさんの柴をくれた礼をいい、一度穴の中へきてくれという。あまり勧められるので、つい入ってみると、中には目のさめるようなりっぱな家があり、その家の脇には爺が三月かかって苅った柴が、ちゃんと積み重ねてあった。ご馳走になって帰ってくる時、これをやるから連れて行けと言われたのが一人の子供であった。何ともいえぬみっともない顔の、臍《へそ》ばかりいじくっている子であった。ぜひくれるというからとうとう連れて帰って家に置いた。あまり臍をいじくるので、爺が火箸でちょいと突いてみると、ぷつりと金の小粒が出た。それからは一日に三度ずつ突くと臍から金が出て、爺の家は富貴になった。ところが婆は欲張りの女で、もっと多く金を出したいために、爺の留守に火箸を持って、子供の臍をぐんと突くと、金は出ないで子供は死んだ。爺がもどってこれを悲しんでいると、夢にその子供が出てきて、泣くな爺さま、おれの顔に似た面を、毎日よく目にかかるところに掛けておけ、そうすれば家が栄えると教えてくれた。子供の名前はヒョウトクといった。それゆえにこの辺の村々では今日まで、醜いヒョウトクの面を木で作って竈《かまど》の上に掛けておき、これを江刺郡では「かまぼとけ」とも呼んでいる。

改造の歩み

獺沢《おそざわ》の佐藤氏は、農家で、漁業家でかつ役場の書記をしている。大きな昔風の家である。後ろの岡が一帯に海の際まで、無数の土器・石器とこれを使用した人々の埋没地であることを知らずに、久しい歳月の間これを耕して暮らしていた。世の中の変わろうとする近ごろになって、いろいろの学者が訪ねてくるようになったのだそうである。

十九年の普請《ふしん》というが、もとの地形にもとの手法で、以前の材が多分に用いてある。栗の木その他の天然の曲線が真率に利用せられ、ことに勝手の上の隅虹梁《こうりょう》はりっぱな装飾である。江刺地方で童話になっている竈神のヒオトコの木の面が、通例掛けて置かれる場所である。自分はこの台所に腰を掛けて、杵や臼の話をした。

気仙の村々に今も用いらるる手杵《てぎね》の功用を尋ねてみた。すなわち上下に頭のあるまっすぐな杵のことで、われわれがわかりやすいために、平素兎の杵などと名づけているところのものである。兎の杵は十何年か前に、天草下島の大江あたりで、麻紋付の不断着の老女が使っているのを見てびっくりしたままであるが、この辺の農家では今もただの普通の器具である。餅搗きには二本で搗くこともあるという。これに対して柄の長いほうの杵を打杵《うちぎね》と呼んでいる。打杵は重いからなどというのをみると、これには大小の種類はないものらしい。

佐藤氏の土間にはこれ以外になお二通りの臼がある。いわく石の挽臼《ひきうす》、いわく入口右手の地唐臼《じからうす》である。この新旧の雑居がおかしいと思うと、村にはさらに第五種の賃舂《ちんつ》き臼屋があるという。ここは半島で流れがないからいわゆる水車ではないが、電気を動力にして多数の杵を動かしているので、兎の杵が重宝《ちょうほう》がられるようでは、こちらはまるでお客がなさそうなものだが、昨今また一つ開業するというから、必ずしもそうでないようだ。

本吉《もとよし》郡の大島でも、また唐桑《からくわ》の半島でも、ちゃんと石臼があるのに、手杵で豆の粉などをはたいている。訳を聞くとこちらが力が入らぬからよいとも、またはついておいて後にひくのだとも答えていっこうに事情が呑み込めぬ。そうかと思うと旧盆の季節が近くなったので、これらの在所から石油発動機の渡船に乗って、娘や女房たちが何人となく、毎日五升、一斗の小麦の袋を背負い、気仙沼付近の水車小屋へ、団子用の粉をひきに泊りがけに渡ってくる。

この複雑極まる状態は、見ようによっては杵臼問題の討究に、万人が心を傾けている結果ともいわれるが、悪く評すれば文明を珍膳佳肴《かこう》のごとく考えて、一箸ずつは嘗《な》め試みる神農主義、たとえばこの辺の何文堂の店に、日蓮・大本・忍術・姓名・哲学の類から、ローランやラッセルの白っぽい本までが肩を並べて、色彩を誇っているのと一様の現象とも言いうる。

ただし相州津久井の内郷村などでは、また別様の話がある。村で生まれた校長の長谷川氏は、十二、三歳のころまで家にヒデ鉢と称して、松を焚いて燈火とするための石の平鼎《ひらがなえ》を用いていたのが、それからの二十四、五年間に行燈《あんどん》からカンテラ、三分心・五分心・丸心のランプをへて、今はもう電気を引いて昔のままの勝手を照らしていると話された。しかもその最近の古物のヒデ鉢が、どうなってしまったものか、村内にいくつも残ってはいなかった。この気仙郡の半島にも、ヒデ鉢とはいわぬが松を焚く土製のランプはあった。あるいはまたこわれた鍋などをも利用していたという。しこうして今やこれを忘れ、もしくは笑わんとしているのを見れば、篤実なる農民とても、決して物を昔にするの能力を全然欠いているのではない。ただ面倒にそんなことをする必要がなかったまでである。

伊予の松山から道後湯《どうごゆ》へ通う電車は、今はどうか知らぬが以前は車内にタバコを許していた。ひょっこりと乗り込んで来た草鞋《わらじ》がけの老人が、燧石《ひうちいし》を出してカチカチとやるのを見て、英国の一旅客は目を丸くし、ああ日本はこれだから解しがたいと感歎した。そんなに君の国だってずいぶん十六、七世紀の発火法をもって、今なおいろいろの文物を「煮て食い焼いて食う」ではないか。しかもその保守主義がいつでも完全に手前勝手だ。

われわれの月中の兎の杵には、自慢ではないがその弊だけはない。まあお互いにいますこし考えてみよう。

二十五箇年後

唐桑浜の宿という部落では、家の数が四十戸足らずのうち、ただの一戸だけ残って他はことごとくあの海嘯《つなみ》で潰《つぶ》れた。その残ったという家でも床の上に四尺あがり、時の間にさっと引いて、浮くほどの物はすべて持って行ってしまった。その上に男の子を一人なくした。八つになるまことにおとなしい子だったそうである。道の傍に店を出している婆さんの所へ泊りに行って、明日はどことかへお参りに行くのだから、もどっているようにと迎えにやったが、おら詣りとうなござんすと言ってついに永遠に帰ってこなかった。

この話をした婦人はそのおり十四歳であった。高潮の力に押し回され、中の間の柱と蚕棚《かいこだな》との間に挟まって、動かれなくているうちに水が引き去り、後ろの岡の上で父がしきりに名を呼ぶので、登って行ったそうである。その晩はそれから家の薪を三百束ほども焚いたという。海上からこの火の光を見かけて、泳いで帰った者もだいぶあった。母親が自分と同じ中の間に、乳呑児といっしょにいて助かったことを、その時はまるで知らなかったそうである。母はいかなる事があってもこの子は放すまいと思って、左の手でせいいっぱいに抱えていた。乳房を含ませていたために、潮水は少しも飲まなかったが山に上がって夜通し焚火の傍にじっとしていたので、翌朝見ると赤子の顔から頭へかけて、煤《すす》の埃《ほこり》でゴマあえのようになっていたそうである。その赤子が歩兵に出て、今年はもう帰ってきている。よっぽど孝行をしてもらわにゃと、よく老母はいうそうである。時刻はちょうど旧五月四日の、月がおはいりやったばかりだった。恐ろしい大雨ではあったが、それでも節句の晩なので、人の家に行って飲む者が多く、酔い倒れて帰られぬために助かったのもあれば、そのために助からなかった者もあった。総体に何を不幸の原因とも決めてしまうことができなかった。たとえば山の麓に押しつぶされていた家で、馬まで無事であったのもある。二階に子供を寝させておいて湯に入っていた母親が、風呂桶のまま海に流されて裸で命をまっとうし、三日目に屋根を破って入ってみると、その児が疵《きず》もなく生きていたというような珍しい話もある。死ぬまじくして死んだ例ももとより多かろうが、こちらはかえって親身の者のほかは、忘れていくことが早いらしい。

しかし大体において、話になるような話だけが、くり返されて濃厚に語り伝えられ、不立文字の記録は年々にその冊数を減じつつあるかと思われる。この点は五十年前の維新史も同じである。自分は所々の荒浜に立ち止まって、故老たちの無細工なる海嘯史論を聞かされた。これまた利害関係がなお多いために、十分適切とは認められぬが、一般の空気はやはり明治の新政と等しく、人の境遇に善悪二様の変化のあったことを感じさせているようであった。

　もっと手短に言えば金持は貧乏した。貧乏人はなくした者を捜すと称して、毎日毎日浦から崎を歩き回り、自分の物でもないものをたくさんに拾い集めて蔵《しま》っておいた。もとの主の手にかえる場合ははなはだ少なかったそうである。回復と名づくべき事業は行われにくかった。智慧のある人は臆病になってしまったという。もとの屋敷を見捨てて高みへ上った者は、それゆえにもうよほど以前から後悔をしている。これに反してつとに経験を忘れ、またはそれよりも食うが大事だと、ずんずん浜辺近く出た者は、漁業にも商売にも大きな便宜を得ている。あるいはまた他処からやってきて、委細構わず勝手な所に住む者もあって、結局村落の形はもとのごとく、人の数も海嘯の前よりはずっと多い。一人一人の不幸を度外におけば、疵はすでにまったく癒えている。

　三陸一帯によくいう文明年間の大高潮は、今ではもう完全なる伝説である。峰のばら松を指さして、あれが昔の街道跡という類の話が多く、金石文などの遺物は一つもない。明治二十九年の記念塔はこれに反して村ごとにあるが、恨み綿々などと書いた碑文も漢語で、もはやその前に立つ人もない。村の人はただ専念に鰹節《かつおぶし》を削りまたはスルメを干している。歴史にもやはりイカのなま干、または鰹のなまり節のような階段があるように感じられた。

焼けてはならぬものはもちろんほかには多いが、取り分けて大正年間に於いては、町などは火事に遭わせたくないと思う。個人には回復というものがある。町にはただ変化あるのみである。甲の町では一年越しの草原に、思い思いの仮屋が寂しく伴を待っている。焼けて六年になる乙の都会においては、赭禿《あかはげ》の土蔵ばかりがわずかに堅実の観を保っている。街区整頓だの屋上制限だの、人の後から案出することは何でも皆こうだが、乱雑を加え狼狽《ろうばい》の状を顕著にする以外に、いささかも積極的の仕事をしておらぬ。自分はぐらぐらとする三階の柱により、気の毒な下界を眺めつつ、一夜の宿泊をさえ悔いた夕べもあった。

それにつけても世田米《せたまい》は感じのよい町であった。山の裾の川の高岸に臨んだ、とうてい大きくなる見込みのない古駅ではあるが、色にも形にも旅人を動かすだけの統一があるのは、幸いに新時代の災害にかからなかったおかげである。板葺の、たっぷりとした妻入の家で、いずれも障子の立つ二階に手摺《てすり》を付け、屋の棟には勝男木《かつおぎ》のなごりと見える単純な装飾が、道路に面した一端だけに一様についてある。表から見ればりっぱな町屋であるが、住民の多数は実は馬を飼う農夫であるためにこれに相応する支度がちゃんと家の他の部分にはしてある。私は早天に一の民家の脇を通って川原に下り、冷たい水に葛《くず》の花の流るるをくみ、まだ萎《しぼ》まぬ対岸の月見草の野を望み、それからまた第二の家の横手を帰ってきたが、貧富の差はあっても家の作りはまったく一つであることを知った。すなわち横を正面とすれば在方の農家と同じく、玄関と勝手口が並んで狭い庭に面し、廐《うまや》と便所と物置とが各別棟で、その外にわずかの菜園がある。要するに間口を狭く地割したために、住宅を横向にしただけである。

東京の近くでも、府中以西の甲州街道などに、この形式の割地のいっそう簡単なものがあって、あの辺に限り草屋が縦列をなして東に面している。ただしこれには町をなすまでの変形は加えてないが一定の長さの道路に沿うて、なるべく多数の民家を置こうとした努力の跡は見えている。佐渡の両津《りょうつ》の町などもまた一つの例である。こちらは路地をさらに細くして、その全部を屋根の下に覆い以前は冬分の船置場もいっしょにしたものか。海と湖水との両側とも、ほとんど水の際まで一つ屋根を葺き下しており、町をあるけばどの家も、暗く細長い土間を通して、きらりと鮮やかな水の光が見える。それがあの町の美しい特色である。

不吉な想像ではあるが、焼けたらこれもどうなるであろうか。家並に定まった一つの型があって、相持ちに揃いのみごとさを保たしめる原因には、もちろん第一に屋敷割渡しその他の行政上の制限、第二には大工の流義の固定ということを算《かぞ》えねばならぬが、この二者以外にさらに隠れたる一条件があったはずである。それは平たく申せば多勢の力である。並の人のする事をせぬ者を憎む力である。協和などといいながら、自分たちで選んだ役人を軽んじ、恩をかけたら目下だというような、封建的の考え方をするものだから、役人の方でも鼻息をうかがう政治をする。金持の気のままは今の町ではたいてい通っている。ひとり祭礼の衣裳や花笠提灯ばかりではない。ただ一軒の店が道へ突き出してショウウィンドウでも作れば、百千の家の前の雁木《がんぎ》が無益になってしまう。ペンキ塗りの高い家が一つできれば、雪をおろす共同組織が変更せられねばならぬ。北国の都会の年増しにいやになっていくのは、火事の害というよりも、むしろ旦那衆の勝手な趣味というほうがよい。

東京はすでにひどい土埃になった。在所では何事も物遠い。われわれが静かに文明を味わいうるのは、地方の都会がただ一つの頼みであった。それがほとんど何人《なんぴと》の責任でもなく、水は汚れ市場は掃く人もなく、家々は真似と虚偽との展覧会のようになっていく。町を作る人はもう永久に出てこぬのであろうか。悲しいことである。

蟬鳴く浦

今まで船室の畳の上を、ずるずるすべって回るようだった大うねりが、ちょっと眠った間にまるで静かになっている。起きて出て見ると、右手に茂った山があって、盛んにミンミンの声がする。それほど陸近く汽船は入り込んできたのである。越喜来《おっきらい》の湾だと乗客の若い水兵が教えてくれた。

目の細い頬の紅いふとった青年である。朝の暗いうちから一人かたかたと、堅い靴で甲板を歩いていたのはこの先生に違いない。船員は皆草履かはだし、他のお客さまはことごとく酔って臥していたから。しかもこの船に強い海の人までがこんなことをいう。水害さえなけりゃ汽車でくるのだった。釜石から山を越えてたった六里だ。汽車が不通だというから塩竈《しおがま》を廻ったら、まだるッこくて仕方がないと。実際今日は天候のために、もう六時間以上も遅れているのだ。

水兵の親たちは湾口に近い崎浜という部落に住んでいる。今日は旧暦の七日盆だ。餅でもつくだろうと思う家が南向きの沢に、一軒も残らず顔を出している。もちろん彼の家の屋根も見えるはずである。また見えているらしい顔付もしている。今度で二度目の休暇だそうである。もう帰ったも同じだ、嬉しいだろうと言うと、さらにその目を細くして笑った。

わしらは他の者に比べるとだいぶ損です。慰労と合わせて十七日の休暇だが、往復に五日近くつぶれますという。崎浜は汽船の着く浦浜からまた一里二十五町ある。蟬の鳴く日盛りの山を、二つ越えて行かねばならぬ。それにまたここの端舟のおそいことはどうだ。客も手伝って無暗に喚《よ》ぶと、畠に出ていたかと思われる屯田船頭《とんでんせんどう》が、泡を食って漕いでくる。下りる荷物が二十三個でその半分が米、三分の一はサイダーや東北正宗の罎詰《びんづめ》、それから客が一人、その客はもう小舟に飛び込み、うねりの中でしきりと積み下しの手伝いをしている。どうしても人を貨物に殉ぜしむる航路と見えた。

少なくとも二者の取り扱いは同等であった。幸いにして多数が吐くほど酔ったからよいが、お昼の入港が夕飯まで遅れても、船には売っている食物もなかった。またお茶の道具もないという。子持ちの女が幽霊のような声で、時々ボーイさんを呼んでいたが、水はついにくれなかった。特等室にはさすがに水の罎《びん》が一つある。そうしてコップはない。あきれたものだ。

これじゃむしろ荷物になって、しっかりと縛られてきたほうがよかったかと思うと、彼らは必ずしもさほど偏頗《へんぱ》でなかった。荷物にもやはり敵はあった。船員がやってきてハッチの蓋を揚げ、不意に明るい日影がさっと差し込むと、お伽話《とぎ》で聞くような声でチュウチュウと鳴き、船底を駆けあるくものがある。やちきしょう、西瓜《すいか》をこんなにかじっていやがる。オヤ蓮《はす》の実《み》も食ったなどと、いかにも興味ある発見をしたような声を出す。

船酔いさえ治ればこちらも無駄口ではひけをとらぬ。事務長さん、質屋には虫喰、鼠喰両損ということがあるが、船でもやはり「鼠喰片損の事」という張札でもしておきますかね。へいいや、張札はいたしませんが、社の規則には何か書いてあるようです。この鼠というやつが悪戯なやつで、別に腹がへったから食うのではないのです。だからメリケン粉などは百袋とも一晩に穴をあけますという。ははあなるほどだ。塩竈以北の海辺に住み、熱でもあって西瓜を待つの輩は、おりおりはあの子持ちのおかみさんのごとき泣声を出して、そうして失望せねばならぬのだ。自分らだけではないからあきらめられぬこともないようだ。

タバコの専売でも同じだが、「いやならおよしなされ」くらいやるせないものはない。しかし日本の国民性はこの点にかけては堅忍不抜で、多勢とともにならずいぶんいい辛抱をする。それからどうにもこうにもならぬ時は、いわゆる転じて弱を示すの策も知っている。三陸沿海の鉄道などは実に深い智慧だ。この線の開通で他日地主の原始林が高く売れ、清い渓流の岸で古いサイダーを賞することができるなら、いわば張儀《ちょうぎ》を秦《しん》にやった汽船会社のお蔭である。どんな寂しい山でもたくさんにトンネルを掘っているうちには、金銀鉱に当たるかもしれない。悪い石炭でも莫大に焚けば、鼠色の顔をしたお客が岩や松をほめにくるだろう。何度くずれても蜀《しょく》の桟道のようなものさえ造っておけば、やっかいな四面の海などはないも同然だ。ここにおいてか初めて大陸的気風を養成することができる。とでもいうような事を考えているのではないかと思われた。

おかみんの話

宮城県では宿でも茶店でも、「おかみさん」という語が用いられなくて不自由であった。もうその心配はないから今度はその話をしよう。

この地方では一般に、「おかみさん」といえば盲目の女である。盲人で迂散《うさん》な職業の者ということになるから、なんぼ標準語の権威でも、そう呼ぶには忍びなかった。略して「おかみ」といえばもちろんさらに悪い。登米《とめ》以北の旧仙台領においては、区別のためか「おかみん」と後をはねている。実用には何のたそくにもならぬが、話をするにはこちらを使うと区別がつく。

自分はこの「おかみん」の最も有力なる季節に田舎をあるいた。ことに新盆の家においては飛躍するそうである。いずれの村にもはた町にも、おおむね一戸以上のおかみんは住み、電燈があれば電燈の光にも照らされているが、洋服を着た人の目だけはなかなかその所在に達しない。飯野川《いいのがわ》の町で私の頼んだ老按摩は、儼然《げんぜん》たる絽《ろ》の羽織の、某《なにがし》翁《おう》とも名づくべき品格の盲人で、この町にもおかみんはいますかねの問に対し、いるらしうござりますなどととぼけたが、うまく弱点を突かれて無造作に落城した。

昨日月浜まで同船したおかみんは、実にかわいい子供を三人も連れて行った。おかみんは子を連れてあるく者と見えると独語のようにいうと、さようでござりまするか。お世話さまになったことでござりましょう。あれは手前が娘でござりますといってしまったものだ。なアに聟《むこ》が手前と同職でござりまして、当節は鳴子《なるこ》へ稼ぎにまいっていて、留守がないとってことわったのでござりますが、どうでも来てくれと申すのであアして行きました。雨が降ってどうしたかと案じておりましたなどと、たちまちにしておかみんの家庭の、はなはだしく目に乏しい事実まで教えてくれた。お世辞ではなくこの按摩の孫息子は、目元の涼しいよい子であった。しこうしてその名は「あきら」。哀れな話である。

「あきら」のアッパは声の太くかつしわがれた、聡明な二十八、九の婦人であった。大工の道具箱ほどな箱を、紺麻の風呂敷に包んで持っていた。あの中にある物を詳《つまび》らかにしたいために、大正年代の若い学者が二人以上、この年ごろ辛労をしているのだ。どこまでも運命的な箱ではある。盛岡近辺の「いたこ」は、あの中へオシラサマという物を入れているよ。それはそれは不思議な力のあるものだよ。聞いたことがあるかねというと、按摩さん少しせき込んだ。オシラサマならばこの辺のおかみも皆所持しております。いや桑の木や何かでこしらえるのは、道の上から申して正しいものではござりますまい。オシラは竹ときまったものであります云々。さては桃生《ものう》郡には竹のオシラガミがあるのか。これもまた一つの新発見であった。

老人の変な講釈を綜合すると、少なくともこの地方にのみは、巫女の Initiation（入会）の儀式はなお若干の荘厳を保っている。神付けというのはすなわちこれで、女がまだ女にならぬうちに行う習いとなっている。当日は界隈《かいわい》のおかみたちことごとく集まり、その若い盲女を中に囲んで祈りたてると、女の外形は最も力なく内部が最も充実するにいたって、手に持つ御幣が幽かに震動し始める。と師匠のおかみんが潮合を見て、わが膝から床の上に押し放し、どなたさまでござりますと問うのである。これに答えて出雲《いずも》とか稲荷《いなり》とか、最初に名乗った神が一生の守護神になることは、綾部《あやべ》も丹波市《たんばいち》*も同じことである。時にはどうしても神がつかず、何度も日を択《えら》んでやりなおすこともある。オシラサマは神付けが滞りなく終わった時に、師匠の作って与えるものであるという。祭の日ごとに美しい布で包み添え、頭部は誰にも見せぬ「しん」が籠めてある。大切なものだといったが何の意味かよくわからぬ。佐沼の高橋清治郎氏は小さな御幣だと言われた。そんな実例もあるらしいのである。

ただしオシラサマは持ってはあるくが、死霊の口寄せには決して用いない。一年のうちのある季節には、これを祭りまた占いを問うことがあるらしいが、地方的に作法も変わり、結局詳しいことはわからぬ。自分はその後これを根問いしようとしてある村の村長にかえってなじられた。そんな事を知って何になさるかと、ああ村長さん、何のためにもならぬ学問に、われわれは執心しておるのです。それはわれわれの道楽だとしても、村の人のほうでも諦められぬ過去、見究められぬ将来のあるかぎり、つまりは人間に盲目のあるかぎり、おかみんの弓とオシラとは、そっとして置かれたらいかがです。少なくともお互いの目が、「あきら」の目のように清く澄むまで。

人の子の心のやみは果も無しつひの光を何に求めむ

処々の花

やちにはいたる所、盛りにめど萩が咲いていた。東京近くの溝端で見るものに比べて、紅色がいっそう冴《さ》えて感ぜられたのは、種類によるか、はたあたりの空気のいたすところであったか。いずれも広大な区域を占めて、同じ群れのみで自由に咲いている。おりおりは立ち止まって久しく眺めるほどの美しさであった。

百合《ゆり》の山野にあるものはすでに実になっており、食用の鬼百合ばかりが村々に多かった。どういうわけでか農家では、これを畠の中に少しずつ離して栽《う》えている。まだ穂の出揃わぬ粟生の中にもまじっている。やや苅りごろに近く黒ずんだ陸稗の畑からも抽《ぬ》け出ていた。目のさめるような丹色である。ことに大豆は本年は上作で、まだ一枚も枯葉の見えぬ青々とした広い耕地に、この花の幾群れも日に照らされて立つのを見ながら、茶店の縁などに腰をかけていることは、いかにも贅沢な休息であった。冷気に弱いのか北に進むにつれて、しだいに百合はあっても花が少なくなる。現在が消えていくように感ぜられた。

秋草はこれに反して南の方ではまだ花を見ることができなかった。女郎花《おみなえし》は姿ばかり、桔梗《ききよう》はわずかに蕾《つぼみ》で、萩は野に余るくらいであって、しかもただ一様に緑であった。閉伊を二郡に区分する大沢木の峠路において、葛花《くずばな》の風情は初めてこれを見た。海に迫った片岨《かたそ》の、晴々とした長根である。浪板から登って二里余りで船越へ下りる。何箇所か大きな赤松があって目標とも蔭ともなり、その間にわずかずつの小川が流れ、流れを渉る度に路は屈曲している。葛の花の盛んに散っていたのは、こういう曲がり路の角が多かった。時としては仰いで見ても葉も見えぬことがある。日光を慕う植物で、蔓を托した木の頂点に行って咲いている。散れば刻々に色が変わるから、路面はおのずから紫地の錦であった。

宮古以北は野田の玉川のあたりまで、いわば一続きの大長根である。ただこれから流し出す山の水が多量なために、おりてはすぐに登る三、四百尺の深い沢を、幾筋となく設けて行人を悩ますだけである。はるかに過ぎてから振り返って見ると、見通す限りの海岸の丘が、上は一文字をなしている。莫大な秋の花をのせている台地であった。萩などもこの高原では繚乱として咲いていた。ある朝は小雨に近い霧で、たちまち路に迷って炭焼の沢に入ってしまった。炭焼に教えられて小松林の近路を抜けてみると、そこにも別の旅人が立ち止まって牛飼いに同じ路を尋ねている。十頭近い牛が大息を突きながら現われてくる。この塙《はなわ》を行けば松が一本あると牛飼いが言った。ハナワは蝦夷語のパワナのなごりで、上の平らな丘のことをいっているらしい。露が深いからこれで払って行けと、二尺余の木の枝をくれるのを、それにも及ばぬと元気のよい青年だ。茣蓙《ござ》をくるくると身に巻いて、泳ぐようにして前へ進んでくれる。その野原が一面に他の草もなく萩であったのは風流だが、自分らはただおもしろ半分に、古人が「珠にぬかんと取ればけぬ」*などといった露を、振り翻しながら通ってしまった。

砂浜へ降りてみると、往々にして低いハマナスの林叢がある。花は乏しく実はやや熟して、その下では虫が鳴いている。北地の秋はこの辺から寂しくなってくるようだ。米《まい》田《た》の山の裾には真白な工場が一つあって、軌道が長々とそれから浜へ通っている。そうして煙も昇らずまた人もいない。こんな所で何を運搬するつもりだろうか。さあ、おおかた「せきばく」でも運ぶのであろう。

こんな事を言いながら、われわれが長根の旅の日は終わったのである。

鵜住居の寺

江戸では青山辺の御家人などが、近世まで盆の月には高燈籠をあげていた。将軍某駒場の狩の帰るさに、その光の晴夜の星のごとくなるを賞《め》でたという話が残っている。それがたぶん御一新の変化から、一様に軒先の切子《きりこ》燈籠《どうろう》となり、さらに転じては岐阜《ぎふ》提灯《ちょうちん》の水色となって、おまけに夏の半ばには引っ込めてしまうゆえに、いわゆる秋のあわれまでが、今ではこのように個人化するに至ったのである。百年前の『秋田領風俗問状答書』*の絵に見えている通りの昔風の燈籠は、陸中に入ってからしだいにこれを見かけるようになった。寺の境内に立てた高い柱には、昼の間は白い幡を掲げて置く例もあるが、尋常民家の燈籠木に至っては、いずれも尖端を十字にして、杉の小枝を三房結わえてある。以前はその木が必ず杉であったことを、これだけでも示すのみならず、村によっては今なお天然の杉の木を、梢ばかり残して柱にしているものさえあった。

今では不幸のあった翌々年の盆まで、この燈籠は揚げる習いになっている。空を往来する精霊《しょうりょう》のためには、まことに便利なる澪標《みおつくし》であるが、生きた旅人にとってはこれほどもの寂しいものはない。ことには白い空の雲に、または海の緑に映じて高く抽け出でて立つのを見ると、立ち止まってはこれら労働に終始した人々の、生涯の無聊《ぶりょう》さを考えずにはおられなかった。閉伊の吉里吉里《きりきり》の村などは、小高い所から振り返ってみると、ほとんど一戸として燈籠の木を立てぬ家はない。どうしてまたこのようなおびただしい数かと思うと、やはり昨年の流行感冒のためであったのだ。

仏法が日本国民の生活に及ぼした恩沢が、もしただ一つであったとするならば、それはわれわれに死者を愛することを教えた点である。供養《くよう》さえすれば幽霊もこわくはないことを知って、われわれは始めて厲鬼《れいき》駆逐《くちく》の手をゆるめ、同じ夏冬の終わりの季節をもって、親しかった人々の魂を迎える日と定めえたのである。合邦《がっぽう》の浄瑠璃にもあるごとく、血縁の深い者ほど死ねば恐ろしくなるものだなどといいつつも、墓をめぐって永く慟哭《どうこく》するような、やさしい自然の情をあらわしうることになったのも、この宗教のお蔭といわねばならぬ。

鵜住居《うのすまい》＊の浄楽寺は陰鬱なる口碑に富んだ寺だそうなが、自分は偶然その本堂の前に立って、しおらしいこの土地の風習を見た。村で玉櫻珞と呼んでいるモスリンを三角に縫った棺の装飾、または小児の野辺送りに用いたらしい紅い洋傘、その他いろいろの記念品にまじって、新旧の肖像画の額が隙間もなく掲げてある。その中には戦死した青年や大黒帽の生徒などの、多勢で撮った写真の中から、切り放し引き伸ばしたものもあるが、他の大部分は江戸絵風の彩色画であった。不思議なことには近ごろのものまで、男は髷《まげ》があり女房や娘は夜着のような衣物を着ている。ひとりで茶を飲んでいる所もあり、三人、五人と一家団欒の態を描いた画も多い。後者は海嘯《つなみ》で死んだ人たちだといったが、そうでなくとも一度にためておいて額にする例もあるという。りっぱにさえ描いてやれば、よく似ているといって喜ぶものだそうである。こうして寺に持ってきて、不幸なる人々はその記憶を、新たにもすればまた美しくもした。まことに人間らしい悲しみようである。

浄楽寺の和尚《おしよう》はこの界隈の書家と見えた。およそ街道の右左に立つものは、石でも木標でも一つとして同じ筆にならぬものはない。五山盛時の写本の字を想わしめるすこし右あがりの速い書体で、庫裡《くり》の障子までことごとくその反古《ほご》であった。月とか梅とか一字ずつは読めても、文句の全体は校長にもわかるまいと思うような偈《げ》を、遠慮もなくいずれの凡人の墓にも書いて立てている。足で米をとぐ禅僧の気楽さが、ことにこんな村では十分に許容せられているのである。この和尚は自分の寄った時にはあいにく留守であった。そうして女ばかり三、四人の家族が、縁先に出てしきりにまぶしの繭《まゆ》をむしっていた。

樺皮の由来

北に進んで外南部まで出ると、不思議に白樺の樹が影を見せないが、この樺皮《かばかわ》の話もちょうどその辺から、知らぬ老人がだんだん多くなる。八戸《はちのへ》ぐらいが堺のように思われた。

久慈《くじ》から南、釜石《かまいし》から北、ことに閉伊二郡の村々においては、旧家というよりも名族と呼ぶよりも、カバカワの家と聞くほうがわかりが早い。少なくとも門閥が何を意味するかを知らぬ人々まで、カバカワの尊いことだけは感じている。しかもそれカバカワの何物であるかについては、押して聞けば誤謬《ごびゅう》を語るかもしれぬほど、茫漠たる知識しかもっておらぬのである。

諸説を綜合した上で自分の推定したところでは、カバカワは白樺の樹皮を利用した一種の紙である。寒い山国において発明せられたるパピロスであった。極端なる簡易生活にあって、楮《こうぞ》の紙の手に入らぬ時代、なおぜひとも後に伝えねばならぬものは、これを樺皮に描いておいたのである。文字はこれを読みうる人があって始めて有用になるのだが、それよりもさらに必要だったのは阿弥陀《あみだ》さまの御影《みえい》、ないしは六字の御名号《みょうごう》である。後世の目から見れば、弘法大師や慈覚大師の御後姿とも思われる殊勝な善知識が、生を殺しては生を営む浦の民の境涯に墨の衣の袂をしぼり、さっと通り過ぎてしまったようなのが、この地方の昔の仏教であった。野の末、森の奥の人生は、結局は一巻の古い樺皮によって、救済せられねばならぬ場合が多かったのである。地頭の富が一寺を建立し、一軀の本尊を安置するを得た以前、あの塚の松の木に名号の一軸を掛けて、村の者ばかりで死者を取り置きしたそうだという話が、いたる所に語り伝えられている。すなわち当時のいわゆる頼うだお方は、心の餓えたる者に精神上の夫食《ふじき》までも、貸し与える風があったらしいのである。

関谷《せきや》の武藤氏の家には近いころまで、この樺皮のまだ何にも使用せぬものが何枚かあった。それはそれは精巧なものであったそうである。しかも地方によっては、すでにこのような樹皮を利用したことをも忘れてしまっている。単に南無阿弥陀仏《なむあみだぶつ》の掛軸が、古くなって何遍となく無細工に修理せられ、まるで白樺の皮を見たようになっているから、それでカバカワというのだと考えていた人もある。

あるいはまた何ゆえなるかは知らず、カバカワはこの古い一軸を掛けて、村の旧家で毎年営むところの祭の名だという人もあった。その祭はほとんど例外もなく、旧暦の十月をもって行われた。一家一族の外にかご子などと名づけて、この日は必ずきて拝をせねばならぬ人々があった。しかも寺の僧はこれには与らぬので、御正体は仏号である場合にも、祭の式には宅神祭のなごりかと思う古い形を留めていた。遠野の盆地などではカバカワはむしろ異名で、通例はオクナイサマと称えている。オシラ神とオクナイ神とは、必ず深い関係があることと思うが、あまり問題が幽玄であって、いまだその一端をもとらえることができぬ。

ただわれわれの断定しうる一事は、東北偏土の民間仏教が、もと浄土の念仏ではなくして、真言の念仏であったことである。それから一向宗でいわゆる異安心《いあんじん》、あるいは近世江戸で奇獄を起こした御庫門徒の信仰は、いずれもこの地方に今も盛んなる「隠し念仏」の一分派で、実は密宗の秘密念仏の教理から、説明せらるべきものであったことだ。この点にかけては久しい昔から、今にいたるまで坊主たちはまことに無能であった。それよりも樺皮を持つほどの旧家は、はるかに有力に人の魂をすくっていた。少し学びに行ってはどうかと思う。

佐々木鏡石君が近ごろ研究を発表した*奥州の座敷童子《ざしきわらし》も、やはり主として右の樺皮の家にいる。彼らは今日なお小さな足跡を残し、後ろ姿を見せ、または肌の透くような薄絹の袖を顔に当てて、燈火の彼方に坐していることもある。しかも何が因縁でかくまでわれわれと親しい神に現われるかは謎である。鳥居竜蔵氏などはよく好んで有史以前という語を使う。自分はそれよりも世人がいま少しく、有史以外を省みんことを願う者である。

礼儀作法

雪のころに来て下さらなくっちゃア何もならぬ。これ覇気《はき》ある東北人士のおりおり用いたもう一拶である。はいはい、これには一言もないようなものだが、実はこの沢この野山に、雪の積もって寒うらいは、想像の及ばぬほどの別乾坤《べっけんこん》でもない。それよりも夏中やってきたばかりに、かつて想像を試みたこともなかったものを、どうです私は見て帰るのであります。

昔は大黒さまの風呂に入っておらるるところを描いて下さいといって、画工を困らせた人があった。なるほどあの福神の頭巾の下は、今もって明瞭ならぬ厄介な問題である。画家にして同時に喜田博士*でないかぎり、引き受けにくかったのはもっともである。またある時大津の浜において、一尾の塩鮭を肌に取り隠して露顕した小冠者が、慨歎してこういったそうである。*いかなる女御更衣《にょうごこうい》とても、こう素裸にして見たなら干鮭の一匹ぐらいは出てこようと。われわれの皮相のはたして真相なりや否やを確かめるに際して、かりに伯竜が天女の浴みを窺《うかが》ったまでの機会はないにしても、初めては同情の目をもって、奥州の奥の女を見てあるかねばならぬ。ことに国民の主流が暑い南から来たとすればなおさらそうである。

まず第一に思うのは、名前に囚われるわれわれの癖である。風俗野卑なりなどと書く紀行家に言わせると、湯巻の上に襦袢一つ、細帯代りに前掛を締め、寒ければちゃんちゃんをはおるなどと報ずるのが普通であろう。なるほどその通りで、おまけにこんな失礼なりでともことわらぬようだが、全体右に列挙した日本語は正しいか古いか。昔の語でならばたぶんはこう言わねばなるまい。「民の女のキヌは、袖もたけもつとめて短くして、動作に便にしている。下のモは必ず身を匝《めぐ》らせておるが、上のモは時として身幅に足らぬこともある。秋の境の涼しい朝夕には、キヌの上にさらに半臂《はっぴ》を着る」と。

第二の誤解は本末の顚倒だ、常にキヌの襟と袖とに花やかな帛《きぬ》を付けるのを、元来が襦袢だから身ごろだけには倹約をしたためと見る人は、いわば自分のあたじけなさをもって他を推すもので、もしこれが真に見得であったならば、ついぞ隠すことのない部分に、恥を露わしておこうはずもない。実際また二色の小帛を求め、わざわざ配合の趣を味わっているのである。古い女の衣裳にこの類の仕立て方はなかったかどうか。少し調べてみた人だけに口はきかせたいものである。

浜の女の前掛が四幅も六幅もあるのをいぶかる者も、やはり日本人が奈良朝から、祇《ぎ》園《おん》の仲居のごとくであったと思う輩で話にならぬ。われわれの母たちが皆脛巾《はばき》を省き、足にまつわるいわゆる脚布《きゃふ》ばかりで暮らしていたとしたなら、とくの昔に手足は饅頭《まんじゅう》のごとく柔らかくなって、とうてい朝比奈三郎や加藤虎之助は、この国には生まれなかったはずではないか。

流行と正風との論は、単に古池の徒*のみの管轄すべきものでない。東北の婦人がアニリン色素を喜び、モスリン、紀州ネルに心を傾けるのはもちろん流行であるが、末法の今日にいたるまで、上下二つの裳を堅く身にまとい、でき合いの人形のようにただきればかりを節約したがる改良服論者を毅然としてのけているのは、すなわちこれ正風の尊さではないか。それでもなおお芝居の女のような態をせねば無作法だというなら、勝手にそんな法律でも出すがよい。

しかし年を重ね月をへて、風俗が一定の範囲で変化をしているのは、人が花などと同じからぬ快よい証明である。俗に三角とも称する頭を包む帛は、紺が常の色で祭の日などには齢相当の色布を用いたが、四、五年以来しきりに白が賞美せられる。それはよいがいま一歩にして、手拭代用の姉さんかぶりに移っていきそうな危険もある。短い単《ひとえ》の衣にも、白を好むものが北へ行くほど多い。黒の半臂《はっぴ》を一様にその上に着て、野路を群れて行くさまは絵であった。下の裳にも今は紅を厭うて、濃山吹《こきやまぶき》に染めた若い女が多かった。白い衣にも草の野にも、まことによく映える色合だ。帰ってきたか『万葉集』。環のように巡るから、流行もまた憎むことができない。

足袋と菓子

草鞋が破れて小石が入って困るので、小本《おもと》の川口の部落で買おうとしたら、驚くべし紺絹キャリコの、小はぜが金かと思うようなのしかおいてなかった。そんなら土地の人たちは、草鞋に何を穿くかと気を付けて見ると、多くは素足であり、しからざれば足袋《たび》とも呼ぶあたわざるものを縛り付けている。まったくこの辺の者には足袋は奢侈品《しゃしひん》で、奢侈品なるがためにかくのごとき、想像しうるかぎりの最も柔らかなものを特に選ぶのであろう。メリヤスの肌衣なども、夏の最中に裏毛ばかりを売っている。同じ心理上の現象である。

木綿の歴史は日本ではいたって日が浅いが、田舎の足袋の起原はその木綿が行き渡ってから、また遥か後である。多くの農家にはまだ祖父、曾祖父の革足袋が残っている。革足袋も足袋のうちだが、わずかに人間の足の皮の補助をするというまでで、汚さもきたなく、心を喜ばしむべきものではなかった。五尺、三尺の木綿が始めて百姓の手にも入り、足袋にでもして穿こうという際には、やはり今日の絹キャリコに対するような、もったいなさと思い切りを、根が質朴な人々だけに、必ず感じかつ楽しんだことと思う。この点においては忍《おし》の行田《ぎょうだ》も摂津の灘・伊丹と、功罪ともに同じといってよろしい。酒の個人的または家長専制的なるに反して、菓子の流布には共和制の趨勢《すうせい》といおうか、少なくとも男女同等の主張が仄見える。しかももし年に一度のジャガタラ船が、壺に封じて砂糖を運んでくる世であったら、寒い東北の浦々まで、黴《か》びたりといえども蓬莱豆、蝕《むしば》めりといえどもビスケットが、隈《くま》なく行き渡りうるはずはないのである。盆の精霊に供える蓮の花の形の菓子がある。米の粉で固めて紅と青とで彩色がしてある。試みに食ってみるにほどよく甘かった。台湾がわが属地となったお蔭に亡者までがよろこぶ。いわんや生きてかついとおしい人々が、互いにこの文明を利用せんとしなかったら、かえって不思議だといわねばならぬ。

近ごろの話である。あるやさしい奥さんの宅へ、村でも剽軽《ひょうきん》で知られている老人が、いつになく真顔で訪ねてきて、ぜひおめエさまにおねげエ申していい事があると言う。この間隣の女隠居の病気がむつかしいというころから、おりおり頼みがあるあると言っていたが、きょうは酒の力を少しは借りたらしく、しかもなお唇を乾かして思い入って話をした。

他の者に聞かせると、また何のかのと評判にするからいやだ。親類でもない者が見舞にも行かれぬが、おら、あのお婆さんには子供の時、足袋をこしらえてもらってひどくうれしかったのが、今に忘れることができない。何と、ひとつこの菓子の袋を、そっと持って行って上げてもらえまいかというのである。

それが何でも死ぬ四、五日前だったそうである。枕元へ誰にも知らせずに菓子袋を持って行き、静かにこの話をして聞かせると、さもうれしそうな顔をして笑ったそうである。そうして大きな涙をこぼしたそうである。子供の時分のことだからよくは覚えないが、そんなこともあったかしれぬ。何にしてもご親切はまことにうれしい。喜んでいたと言って下さい。ありがたくご馳走になって行くからと言って下さいといって、心から感謝をしている様子であったという。

お婆さんのなくなってから、あアは言ったがお菓子はどうなったろうかと、それとなく気を付けて見たが、ついにその袋さえも見えず、また孫たちも一人も知った様子がなかった。たぶんは話した通りに、食べてしまってから死んだことであろうと思われた。

浜の月夜

あんまりくたびれた、もう泊まろうではないかと、小子内《おこない》の漁村＊にただ一軒ある宿屋の、清光館と称しながら西の丘に面して、わずかに四枚の障子を立てた二階に上がり込むと、はたして古くかつ黒い家だったが、若い亭主と母と女房の、親切は予想以上であった。まず息を切らせて拭き掃除をしてくれる。今夜は初めて帰る仏さまもあるらしいのに、しきりにわれわれに食わす魚のないことばかりを歎息している。そう気をもまれてはかえって困ると言って、ごろりと囲炉裏《いろり》のほうを枕に、臂《ひじ》を曲げて寝ころぶと、外は蝙蝠《こうもり》も飛ばない静かな黄昏《たそがれ》である。

小川が一筋あって板橋がかかっている。その板橋をからからと鳴らして、子供たちがおいおい渡って行く。小子内では踊りはどうかね。はア今に踊ります。去年よりははずむそうで、といっているうちに橋向こうから、東京などの普請場《ふしんば》で聞くような、女の声がしだいに高く響いてくる。月がところどころの板屋に照っている。雲の少しある晩だ。

五十軒ばかりの村だというが、道の端には十二、三戸しか見えぬ。橋から一町も行かぬ間に、大塚かと思うような孤立した砂山に突き当たり、左へ曲がって八木の湊へ越える坂になる。曲がり角の右手に共同の井戸があり、その前の街道で踊っているのである。太鼓も笛もない。寂しい踊りだなと思って見たが、ほぼこれが総勢であったろう。後からきて加わる者が、ほんの二人か三人ずつで、すこし永く立って見ている者は、踊りの輪の中から誰かが手を出して、ひょいと列の中に引っぱり込んでしまう。次の一巡りの時にはもうその子も一心に踊っている。

この辺では踊るのは女ばかりで、男は見物の役である。それも出稼ぎからまだもどらぬのか、見せたいだろうに腕組でもして見入っている者は、われわれを加えても二十人とはなかった。小さいのを負ぶったもう爺が、井戸の脇からもっと歌えなどとわめいている。どの村でも理想的の鑑賞家は、踊りの輪の中心に入って見るものだがそれが小子内では十二、三までの男の子だけで、同じ年ごろの小娘なら、皆列に加わってせっせと踊っている。この地方ではちご輪見たような髪が学校の娘の髪だ。それが上手に拍子を合わせていると、踊らぬ婆さんたちが後から、首をつかまえてどこの子だかと顔を見たりなんぞする。

われわれにはどうせ誰だかわからぬが、本踊子の一様に白い手拭で顔を隠しているのが、やはり大きな興味であった。これが流行か帯も足袋も揃いの真白で、ほんの二、三人の外は皆新しい下駄だ。前掛は昔からの紺無地だが、今年初めてこれに金紙で、家の紋や船印を貼り付けることにしたという。奨励の趣旨が徹底したものか、近所近郷の金紙が品切れになって、それでもまだ候補生までには行き渡らぬために、かわいい憤懣《ふんまん》がみなぎっているという話だ。月がさすとこんな装飾が皆光ったり翳ったり、ほんとうに盆は月送りではだめだと思った。一つの楽器もなくとも踊りは目の音楽である。四周が閑静なだけにすぐに揃って、そうしてしゅんでくる。

それにあの大きな女の声のいいことはどうだ。自分でも確信があるのだぜ。一人だけ見たまえ手拭なしの草履だ。何て歌うのか文句を聞いていこうと、そこら中の見物と対談してみたがいずれも笑っていて教えてくれぬ。中には知りませんといって立ち退く青年もあった。結局手帖を空しくしてもどって寝たが、何でもごく短い発句ほどなのが三通りあって、それを高く低くくりかえして、夜半までも歌うらしかった。

翌朝五時に障子を明けてみると、一人の娘が踊りは絵でも見たことがないような様子をして水を汲みに通る。隣の細君は腰に籠を下げて、しきりに隠元豆《いんげんまめ》をむしっている。

あの細君もきっと踊ったろう。まさかあれは踊らなかったろうと、争ってみても夢のようだ。出立の際に昨夜の踊り場を通ってみると、存外な石高路でおまけに少し坂だが、掃いたよりもきれいに、やや楕円形の輪の跡が残っている。今夜は満月だ。また一生懸命に踊ることであろう。

八木から一里余りで鹿糠の宿へくると、ここでも浜へ下る辻の処に、小判なりの大遺跡がある。夜明け近くまで踊ったように宿のかみさんは言うが、どの娘の顔にも少しの疲れも見えぬのはきついものであった。それから川尻角浜ときて、馬の食べつくした広い芝原の中を、くねり流れる小さな谷地《やち》川が、九戸《くのへ》、三戸《さんのへ》二郡の郡境であった。青森県の月夜では、私はまた別様の踊りに出遭った。

（大正九年八月・九月「東京朝日新聞」）

清光館哀史

一

おとうさん。今まで旅行のうちで、一番わるかった宿屋はどこ。

そうさな。別に悪いというわけでもないが、九戸の小子内《おこない》の清光館などは、かなり小さくて黒かったね。

こんな何もない問答をしながら、うかうかと三、四日、汽車の旅を続けているうちに、鮫《さめ》の港に軍艦が入ってきて、混雑しているので泊まるのがいやになったという、ほとんど偶然に近い事情から、何ということなしに陸中八木の終点駅まできてしまった。駅を出てすぐ前のわずかな岡を一つ越えてみると、その南の坂の下が正にその小子内の村であった。

ちょうど六年前の旧暦盆の月夜に、大きな波の音を聞きながら、この寂しい村の盆踊りを見ていた時は、またいつくることかと思うようであったが、今度は心もなく知らぬ間にきてしまった。あんまりなつかしい。ちょっとあの橋の袂まで行ってみよう。

実は羽越線の吹浦、象潟《きさがた》のあたりから、雄物《おもの》川の平野に出てくるまでの間、浜にハマナスの木がしきりに目についた。花はもう末に近かったが、実が丹色に熟して何とも言えぬほど美しい。同行者の多数は、途中下車でもしたいような顔付をしているので、今にどこかの海岸で、たくさんにある所へ連れて行って上げようと、ついこの辺までくることになったのである。

久慈の砂鉄が大都会での問題になってからは、小さな八木の停車場も何物かの中心らしく、たとえば乗合自動車の発着所、水色に塗り立てたカフェなどができたけれども、これによって隣の小子内が受けた影響は、街道の砂利が厚くなって、馬が困るくらいなものであった。なるほど、あの共同井があってその脇の曲がり角に、夜どおし踊り抜いた小判なりの足跡の輪が、はっきり残っていたのもここであった。来てご覧、あの家がそうだよと言って、指をさしてみせようと思うと、もう清光館はそこにはなかった。

まちがえたくとも間違えようもない、五戸か六戸の家のかたまりである。この板橋からは三、四十間、通りを隔てた向かいは小売店のこの瓦ぶきで、あの朝は未明に若い女房が起き出して、踊りましたという顔もせずに、畠の隠元豆か何かを摘んでいた。東はやや高みに草屋があって海をさえぎり、南も小さな砂山で、月などとはまるで縁もないのに、何でまた清光館というような、気楽な名を付けてもらったのかと、松本・佐々木の二人*の同行者と、笑って顔を見合わせたことも覚えている。

二

盆の十五日で精霊さまのござる晩だ。生きたお客などは誰だって泊めたくない。さだめし家の者ばかりでごろりとしていたかったろうのに、それでも黙って庭へ飛び下りて、まず亭主が雑巾がけを始めてくれた。三十少し余りの小造りな男だったように思う。門口で足を洗って中へ入ると、二階へ上れという。豆ランプはあれどもなきがごとく、冬のまま囲炉裏のふちにおいてあった。それへ十能に山盛りの火を持って来てついだ。今日は汗まみれなのにうとましいとは思ったが他には明るい場所もないので、三人ながらその周囲に集まり、何だかもう忘れた食物で夕飯をすませた。

そのうちに月が往来から橋の付近に照り、そろそろ踊りを催す人声足音が聞こえてくるので、自分たちも外に出て、ちょうどこの辺に立って見物をしたのであった。

その家がもう影も形もなく、石垣ばかりになっているのである。石垣の蔭には若干の古材木がごちゃごちゃと寄せかけてある。真黒けに煤《すす》けているのを見ると、多分われわれ三人の、遺跡の破片であろう。いくらあればかりの小家でも、よくまあ建っていたなと思うほどの小さな地面で、片隅には二、三本の玉蜀黍《とうもろこし》が秋風にそよぎ、残りも畠となって一面の南瓜《かぼちゃ》の花盛りである。

何をしているのか不審して、村の人がそちこちから、何気ない様子をして吟味にやってくる。浦島の子の昔の心持の、いたって小さいようなものが、腹の底から込み上げてきて、一人ならば泣きたいようであった。

三

何を聞いてみてもただ丁寧なばかりで、少しも問うことの答えのようではなかった。しかし多勢の言うことを綜合してみると、つまり清光館は没落したのである。月日不詳の大暴風雨の日に村から沖に出ていて帰らなかった船がある。それにこの宿の小造りな亭主も乗っていたのである。女房はいま久慈の町に行って、何とかいう家に奉公をしている。二人とかある子供を傍に置いて育てることもできないのはかわいそうなものだという。

その子供は少しの因縁から引き取ってくれた人があって、この近くにもおりそうなことをいうが、どんな子であったか自分には記憶がない。おそらく六年前のあの晩には、早くから踊り場の方へ行っていて、私たちは逢わずにしまったのであろう。それよりも一言も物を言わずに別れたが、何だか人のよさそうな女であった婆さまはどうしたか。こんな悲しい目に出会わぬ前に、盆にくる人になってしまっていたかどうか。それを話してくれる者すら、もうこの多勢の中にもおらぬのである。

四

この晩私は八木の宿に帰ってきて、パリにいる松本君へ葉書を書いた。この小さな漁村の六年間の変化を、何かわれわれの伝記の一部分のようにも感じたからである。かりにわれわれが引続いてこの近くにいたところで、やはり卒然として同様の事件は発生したであろう。またまるまる縁が切れて遠くに離れていても、どんなでき事でも現われうるのである。がこうして二度やってきて見るとあんまり永い忘却、あるいは天涯万里の漂遊が、何か一つの原因であったような感じもする。それはそれで是非がないとしても、また運命の神さまもご多忙であろうのに、かくのごとき微々たる片隅の生存まで、一々点検して与うべきものを与え、もしくはあればかりの猫の額から、もとあったものをことごとく取り除いて、南瓜の花などを咲かせようとなされる。だから誤解の癖ある人々がこれを評して、不当に運命の悪戯などというのである。

五

村の人との話はもうすんでしまったから、連れの者のさしまねくままに、私はきょとんとして砂浜に出てみた。そこにはこのごろ盛んにとれる小魚の煮干が一面に乾してあって、驚くほどよくにおっていた。そのたくさんの筵の一番端に、十五、六人の娘の群れが寝ころんで、われわれを見て黙って興奮している。白い頬冠りの手拭が一様にこちらを向いて、もったいないと思うばかり、注意力をわれわれに集めていた。何とかしてこの人たちと話をして見たら、いま少しは昔の事がわかるだろうかと思って、口実をこしらえて自分は彼らに近よった。

ハマナスの実は村の境の岡に登ると、もういくらでも熟しているとのことであった。土地の語ではこれをヘエダマというそうで、子供などは採って遊ぶらしいが、わざわざそんな物を捜しに遠方から、汽車に乗って来たのが馬鹿げていると見えて、ああヘエダマかといって、互いに顔を見合わせていた。

この節はいろいろの旅人が往来して、彼らをからかって通るような場合が多くなったためでもあろうか。うっかり真に受けまいとする用心が、そういう微笑の蔭にも潜んでいた。全体にも表情にも、前に私たちが感じて帰ったようなしおらしさが、今日はもう見出されえなかった。

一つにはあの時は月夜の力であったかもしれぬ。あるいは女ばかりで踊るこの辺の盆踊りが、特に昔からああいう感じを抱かしめるように、仕組まれてあったのかもしれない。六年前というとこの中の年がさの娘が、まだ踊りの見習いをする時代であったろう。今年は年がよいから踊りをはずませようというので、若い衆たちが町へ出て金紙銀紙を買ってきて、それを細かく切って貼ってやりましたから、きれいな踊り前掛ができました。それが行き渡らぬといって、小娘たちが不平を言っておりますと、清光館の亭主が笑いながら話していたが、あの時の不平組もだんだんに発達して、もう踊りの名人になってたぶんこの中にいるだろう。

なるほど相撲取りの化粧まわし見たような前掛であった。それがわずかな身動きのたびに、きらきらと月に光ったのが今でも目に残っている。物腰から察すればもう嫁だろうと思う年ごろの者までが、人の顔も見ず笑いもせず、伏し目がちに静かに踊っていた。そうしてやや間を置いて、細々とした声で歌い出すのであった。たしかに歌は一つ文句ばかりで、それを何遍でもくり返すらしいが、妙に物遠くていかに聞き耳を立てても意味が取れぬ。好奇心の余りに踊りの輪の外をぐるぐるあるいて、そこいらに立って見ている青年に聞こうとしても、笑って知らぬという者もあれば、ついと暗い方へ退いてしまう者もあって、とうとう手帖に取ることもできなかったのが久しい後までの気がかりであった。

六

今日は一ついよいよこのついでをもって確かめておくべしと、私はまた娘たちに踊りの話をした。今でもこの村ではよく踊るかね。

今は踊らない。盆になれば踊る。こんな軽い翻弄をあえてして、また脇にいる者と顔を見合わせてくっくっと笑っている。

あの歌は何というのだろう。何遍聞いていても私にはどうしてもわからなかったと、半分ひとり言のようにいって、海の方を向いて少し待っていると、ふんといっただけでその問いには答えずにやがて年がさの一人が鼻唄のようにして、次のような文句を歌ってくれた。

なにヤとやーれ
なにヤとなされのう

ああやっぱり私の想像していたごとく、古くから伝わっているあの歌を、この浜でも盆の月夜になるごとに、歌いつつ踊っていたのであった。

古いためか、はたあまりに簡単なためか、土地に生まれた人でもこの意味がわからぬということで、現に県庁の福士さんなども、何とか調べる道がないかといって書いて見せられた。どう考えてみたところが、こればかりの短い詩形に、そうむつかしい情緒が盛られようわけがない。要するに何なりともせよかし、どうなりとなさるがよいと、男に向かって呼びかけた恋の歌である。

ただし大昔も筑波山《つくばやま》のかがいを見て、旅の文人などが想像したように、この日に限って羞《はじ》や批判の煩わしい世間から、のがれて快楽すべしというだけの、浅はかな歓喜ばかりでもなかった。忘れても忘れきれない常の日のさまざまの実験、やるせない生存の痛苦、どんなに働いてもなお迫ってくる災厄、いかに愛してもたちまち催す別離、こういう数限りもない明朝の不安があればこそ、

はアどしよぞいな

といってみても、

あア何でもせい

と歌ってみても、依然として踊りの歌の調べは悲しいのであった。

七

一たび「しょんがえ」の流行節が、海行く若者の歌の囃しとなってから、三百年の月日は永かった。いかなる離れ島の月夜の浜でも、燈火花のごとく風清き高楼の欄干にも

たれても、これを聞く者は一人として憂えざるはなかったのである。そうして他には新たに心を慰める方法を見出しえないゆえに、手を把って酒杯を交え、相誘うて恋に命を忘れようとしたのである。

痛みがあればこそバルサム*は世に存在する。だからあの清光館のおとなしい細君なども、いろいろとしてわれわれが尋ねてみたけれども、黙って笑うばかりでどうしてもこの歌を教えてはくれなかったのだ。通りすがりの一夜の旅の者には、たとえ話して聞かせてもこの心持はわからぬということを、知っていたのではないまでも感じていたのである。

（大正十五年九月「文藝春秋」）

津軽の旅

また五月になった。この二階の窓から見える吉野桜などは、はやすでに黒ずんだ深緑になって、むしろすがすがしい隣の梅若葉をうらやむかの風情であるが、津軽の山々ではこれからまだ半月もたってから、やっと雪の間の山桜が咲くのである。私が青森大林区署の官用軌道の軽便に乗せてもらって、十三潟《じゅうさんがた》の寂しい岸から、荒れた昔の恋の泊りを見に行ったのは、たしか一昨年のこの月二十七日の雨の日であった。相内の宿屋では地竹の筍の煮たのを肴にしてビールを傾けた。小泊から松前へ渡る船の航路が絶えてからは、もうだいぶん久しいことになる。そうなればこの辺は用もない荒浜であるから、町場がただの村よりもなお森閑となるのにも不思議はないが、それにしても驚くのは、古来音に聞こえた十三の湊の変りようである。

なくなられた和田雄治さんの話であった。以前朝鮮で海流の試験をするために、何度か所々の岸から空壜を流してみたことがあったが、いつでも多くはこの津軽西岸の潟の口に近く、漂着する結果を見たということである。日本海周辺に住む民族の、船を扱う技術がまだ十分に発達しなかった大昔から、ここは自然に開けたる水陸出入の衝であった。ところが人間の智能は恐ろしいもので、わずかに木屑を焚くような汽動車が山を横ぎっても、それが十三潟の岸の林の木材を、陸で青森の方へ運び出すことになると、もう十三の浦へは一艘も船が来ぬようになってしまった。この海の口の荒いのは昔からのままだろうが、港の燈の火の舟人を招く力がしだいに弱く一つにはまた和船の船子《ふなこ》までが烈しい労働をいやがり、日数を切りつめて上手に仕事を取る風になったためもあろう。

津軽を今の五郡に分けたのはいつころからか知らぬが、北津軽郡の南西の境は、確かに最初は十三潟の水戸口であったに相違ない。それが水筋《みずすじ》の変化をへたと見えて、今では四、五町も隔たった砂浜の中に、何の付きもなく郡境の榜示杭が立っている。この辺はことにいつも強い風の当たる所で、砂除けに栽《う》えられた黒松の林が、ほとんど成長している暇もなかったらしく見える。所々に薄紫で形の菊にた花が低く咲いている。土地ではアブラコ菊というと後になって聞いているが、関西で吾妻《あずま》菊、東国で蝦夷《えぞ》菊というものと色も形もほぼ同じで、あれよりもはるかに姿が弱々しく、地を去ることわずかに二、三寸、青い空をまぶしがり、海の音に聞き入るような花であった。

港の前面はただ一列の砂の堤であった。白い濤が絶えずこれを越えている。その内側に太い綱を張り、これによって辛うじて渡船を通わせている。荒い西北が一日半夜も吹き続けると、水戸口の砂はたちまち山になって、潟の内側は水かさを増し、岩木川の落ち口から、左右一帯の新田場は水の底になるので、多くの人夫が危険を冒して、何でもかでもこの砂山を切りにこなければならぬ。それを見張りの番小屋が北の岸にはあって、電話を引き信号の旗を具えてある。青森から来ている若い技手はこの日留守であって、その弟が一人で本を読んでいた。黒い小猫を飼っている。

小屋の片隅の石垣の下には、二尺三尺の流れ木が拾い集めて岡のごとく積んである。それを見るとすぐに『東遊記』などの雁風呂の話が想い出される。どの辺の海辺から漂うてきたものか。これも近世の随筆にはよく書いてあるが、いわゆる蛾眉山下の橋柱だの、天下地上の大将軍の粗彫の木像などは、いずれも咸鏡道《かんきょうどう》あたりの低地から出たものらしく、何度となくここから南の浜の村でも拾われたのである。そんなものはないかと気を付けているうちに、ふと目に入ったのは一個の泛子《あば》である。一方に「南秋田郡男鹿戸賀港」の文字が幽かに見え、他の面には「海上安全漁村繁昌云々」と書いてある。男鹿もここからでは四十里近くの南である。棄てたか流したか主ともに見失うたか、もとの地の人たちはこうして私が拾うて帰って、朝晩見守っていることも知らないであろう。

この渡し場からは雪の岩木山が真正面に見える。寂しい十三湊の民家は、ことごとく白い大きなこの御山の根に抱えられて、名に高い屏風山保安林の常磐木《ときわぎ》の緑が、わずかに遠い雪と近い砂山との堺を劃している。母から昔聞いた山荘大夫の物語、安寿《あんじゅ》恋しや津志王丸《つしおうまる》の歌言葉が、はからずも幼ないころの悲しみを喚《よ》び帰した。娘の安寿は後にきてこの山の神となったによって、丹後一国の船は永く津軽の浦に入ることを許されなかったということも、ここにきてあの御嶽の神々しい姿に対するまでは、明らかにその来由を理解しえなかった。越後・佐渡から京西国にかけて、珍しく広い舞台をもつこの人買い船のローマンスは、要するに十三の湊の風待ちの徒然《つれづれ》に、遊女などの歌の曲から聞き覚えたものに相違ない。そうしてその感動を新たに花やかな言の葉に装うて、つぎつぎに語り伝えた女たちも、また久しく国中を漂泊していたのであった。

しかもその千年来の恋の泊りが、今や眼前において一朝に滅び去らんとしているのである。いっしょにあるいていた遠藤技師の話でも、三、四年前にちょっときてみた時には、町の両側のいずれの家からでも、なまめいた女の声の聞こえぬ家はなかった。黄昏前には美しい燈を点じて、笑ったり歌ったりする者が、もとは何百人となく遠い国から入り込んでいた。よく昔から十三の七不思議などと称して、田はなけれども米が出る。父はなくても子が生まれるなどと、いろいろ笑うような話の種は多かったものだが、材木を積む船が青森の方へ廻るようになっては、忽然としてことごとく覚めたる夢になってしまった。今ではその米が出ないために、町の男たちは聞いたこともない国までも出稼ぎに行き、老いたる者が潟に出て少しずつの漁をするやら、村には薪山を持たぬために舟渡しを越えて、二里、三里、北津軽の山に小柴を採らせてもらいに行く。あれ今の渡し舟でも山行きの女が、あんなにしてやってきましたといって見ていると、きたない頬かぶりをして、小さな連雀《れんじゃく》のようなものを背に負い、身には刺子《さしこ》のどんつくの縞目も見えぬものを着ふくれて、まるでエスキモーの奥さまのようなのが六、七人、何やらがやがやと話をして船を下りて行く。これがこの色の湊の十三の町の人とは、昔ならば誰が思おう。やがて今見てきた松林に隠れ、それから野菊の咲く砂山を越えて行く。その後姿はことに物哀れで、立小便などをして行く様子までが詩であった。

久しく渡頭に立ちつくして後に、自分たちも舟に乗って、荒い水戸口を南へ渡った。五月そうして雨あがりの水溜りを飛び越えながら、荒れたる町の様子を見てあるいた。五月もはや末であるのに、どの家も冬のままの大戸をおろし、雁木《がんぎ》の下の通りを左右に覗いて見ても、一人も通る者がない。物売る店にも色どりになるような品物は少なく、町にはわずかの鶏が遊んでいるだけで、犬猫の影も見かけない。もうすでに荒れてしまったのである。

十三から木造の町の方へ行くには、屛風山下の路を四里余りも通るのである。左手に湖水とその岸の新田とを見下ろして、晴れたる夕日の影には快活なる風景である。ヤチワタまたはサルケと称して泥炭を掘り上げ、冬季の燃料に乾し貯えている村が多い。南受けの暖かい土地であるためか、この辺は対岸北津軽の山と違って、桜などはとくに散り、ところどころに老松がこまやかな樹蔭を作るような日の光であった。重い荷物を手車で運ぶ人たちは、裸で一枚の犬の皮を背にあてて働いている。それだのに目と鼻の間の十三の浦では、今にあのような寒そうな暮らし方をしているというのは、あるいはとくの昔に春の季節を費やしつくしたのではなかろうかと、考えてみたことであった。

（大正七年五月「同人」）

おがさべり――男鹿風景談――

山水宿縁

この間信州へ行くつもりで、中央線の二等車に一人おさまっていると、飄然《ひょうぜん》として枢《すう》密院《みついん》の内田伯が入ってこられた。いわゆる微行で富士の五湖巡りをするのだという話である。

内田さんは今でも旅行が一番好きだそうなが、永らく外国にばかり暮らしていたので、まだいっこうに日本の山水には親しんでいない。小仏《こぼとけ》を昼間越えるのはこれが始めてだと言ったり、馬入川《ばにゅうがわ》を見て何という川かなどと尋ねられる。

そこで私のよくない癖が始まって、しきりに近ごろあるいてみた方々の新地名をならべて、風景鑑賞の意見を押売りしようとすると、これはまた意外な話、うん男鹿かね。男鹿なら僕も行ったことがあるよと言う。

しかし幸いなことに、それは今から四十三年ほど前のことであった。当節は汽車ができたということだが、終点は何という町かなどと、船川の人が聞いたらすこぶる心細が

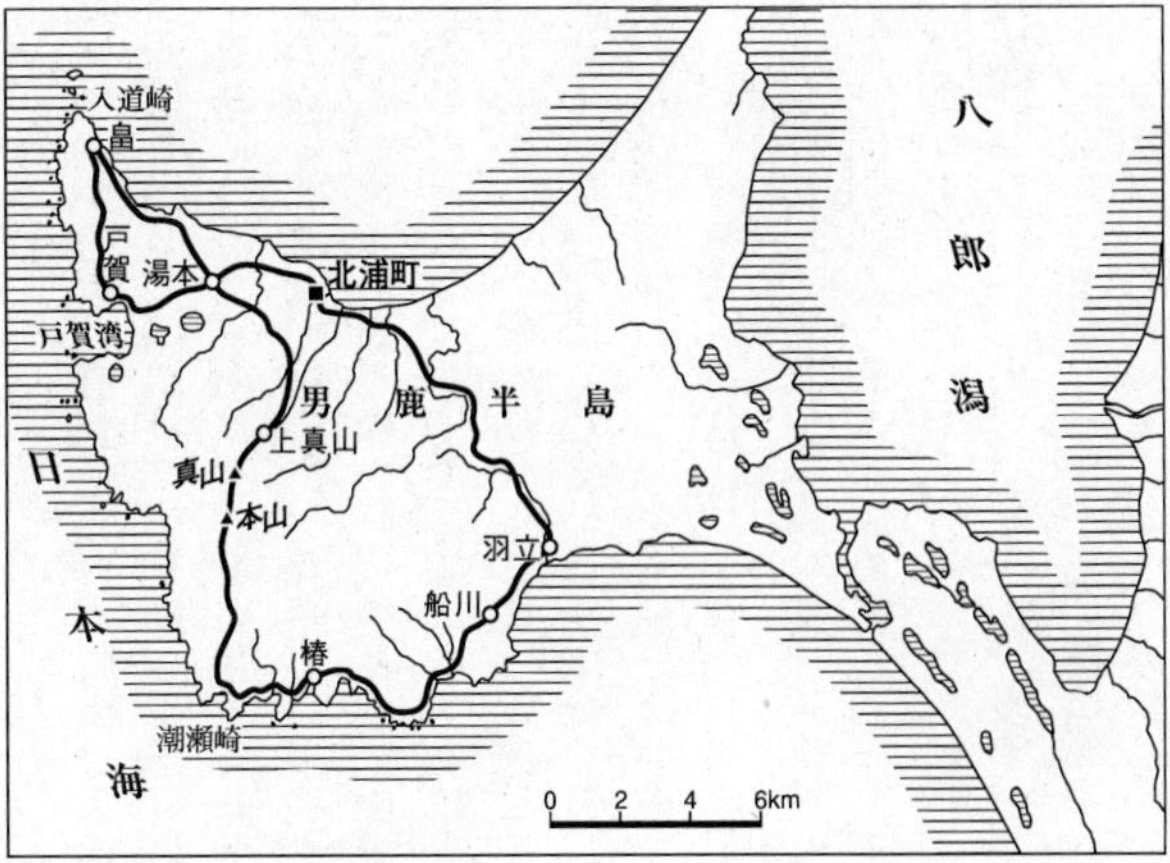
入道崎
畠
戸賀
湯本
北浦町
戸賀湾
男鹿半島
上真山
真山
本山
羽立
船川
椿
潮瀬崎
日本海
八郎潟
0 2 4 6km

りそうなことばかり言っている。

まだ学校にいた時分のことだそうな。町田（忠治氏）が病気をしてちっとも出てこないから、引っぱり出しに出かけて、しばらくあれの家に世話になっていた。その間に一人で男鹿に遊びに行った。山は三つとも登ってみたという。

随分元気のいい痛快な旅行であったらしい。途中までは会津に帰る林権助氏などもいっしょであった。汽車のまだない時代の長い道中を、内田さんは草鞋というものをはかない主義であったそうな。男鹿の本山にも下駄ばきで登ったのである。

山では路がわからなくなって大きに弱った。しかしどっちみち海岸には出るにきまっていると思って、構わずにぐんぐん降りて行くと、はたして里があって多勢の女が田の草を取っていたが何を尋ねても一言も通じないので、これにはかえって閉口をしたと言っている。

そう聞くと何か男鹿の農民が、この未来の名士に対して相済まなかったように聞こえるが、なアに、内田さんも熊本県出の書生だった。言語不通の責任は五分五分であったろうと思っておかしかった。

私は先月男鹿から帰って来て、もう大分多くの友人にあの山水を説法した。自分としても内田さん同様に、まだ四十年ぐらいは持ちそうな印象がある。特に日記を書いて置く必要は感じないのだ、あんまりこの奇遇がおもしろいので、秋田人のいわゆる「おがさべり」*をして見る気になったのである。

それにはいま一つあの半島の風景に対して、気の毒に感ずる理由もあるのである。今度ある社の八勝選定に際して、土地の人たちが天然を讃美する方法を知らぬばかりに、受けずともよい冷遇を受けることになった。思うに日本の旅行道はこれからまだおおいに進歩するであろう。それを待つ間の退屈を紛らすためには、やっぱりわれわれも何か余分のおしゃべりでもしているの他はないのである。

風景の大小

男鹿に若い旅人の興味を引き付けることは、少しでも面倒な仕事ではない。第一に地図ならいかに粗大なるものを見ても、すぐにあの地形の尋常でないことだけは察せられる。すなわち男鹿は『出雲風土記』の国牽《くにび》き神話にある通りの、神によって繋がれたる島であったことが分るのである。

汽車で由利から河辺郡の海岸を走っているときでも、窓からただ海の方を眺めているのみで十分である。たいていの人なら思わず名を尋ね、それから行ってみたくなるように、山の姿が最初からできているのである。

能代から鯵《あじ》ケ沢《さわ》への予定線が今少し延長すると、この引力はさらに一段と強くなる見込みがある。男鹿の高地の変化は北磯に面した方が複雑であり、海を抱えた水際の曲線も、この側の方がことに美しいのである。この半島などは一度近くに寄って地形を知って後は、何度でも遠望してその美を味わいうる風景である。それを風景とは掌に載せて賞翫すべきもののように考えた人々が、やたらに岩や洞穴に名を付けて、好んで山水を小さくしたのである。

自分は今から八年前の初秋に、一人で西津軽の浜を南に向いてあるいたことがある。大間岬の突端に来て一つ曲がると、背後の松前の山々と小島大島とは隠れてしまって、たちまち男鹿の神山が沖遠く現われてくる。深浦、岩崎、森山のあたりまでくると、もう七里の長浜が波の上に浮かんで見える。珍しく伸び伸びとした外線である。天衣無縫というような語が思い出される。すなわちまた浦人などが神仙の居を想像して、登って拝せざるを得なかった動機である。

もっとも自分一人としては、これ以外にも因縁はなおいろいろあった。たとえばこの時よりもさらに四年前に十三の湖口の砂浜に立って、水戸口の番屋の軒の下に、大小の流木の積み上げてあるのを見て、昔の雁風呂の話などを思い出していると、ふとその中から一尺ばかりの、文字を書いた板切れを見出した。今でも記念にして家にあるが、それは男鹿の漁船の網の泛子《あば》であって、海上安全戸賀港何の某とある。その時からして戸賀へはぜひ行ってみたいと考えていたのである。

しかしそんな特別の理由などはなくとも、津軽の西浜を汽車が走り、汽車に人が乗りその人に用のない旅をするだけの余裕があったならば、足は自然にこの半島の岸に向かって、来ずにはしまわないだろうと思う。つまり男鹿の人たちは、今少し待っておりさえすればよかったのである。

全体風景に甲乙いずれか優るなどという問題はありえない。一方に親しい人は通例他方にはうとく、始めて見て珍しいと思う心は、やがて見なれたものを平凡に感ぜしめる。最初から判定者の資格ある者が甚だ稀れなのである。そうして男鹿のごときは珍しと言ってきた者がすでに少なく、親しみを感じうる人もまたあまりに少ないのであった。それがまた果して悲しんでよいか否かも、実はそう容易に答えられる問題ではないのだが、自分としては同じ心持をもってこの山水を愛しうる者が、いま少しは増加する事を祈っている。それがこんな話をしてみようとする動機である。

半島の一世紀

昭和三年の七月は、菅江真澄翁の百年忌に相当する。ゆえに自分はまず秋田人に向かって、この遠来の詞客の「男鹿紀行」五篇を、一つには男鹿の山水の供養のために、刊行することを勧めたいのである。

真澄翁は最後に秋田の地に入って落付くより十五、六年も前に、たぶんは寒風山の麓を過ぎて、椿・岩館から津軽の木蓮子《もくれんじ》に、海伝いに入っている。それからも久しい間岩木山周囲の村里を吟行した。ゆえにしばしば西津軽の浦人の男鹿の霊山を説くのを聞いたのみならず、自身もまたおりおりは海波を隔てて、遠く朝夕の峰の色を眺めていたことと思われる。

すなわち山本郡の海近く、また八郎湖の岸の村にいたころ、わずかな歳月の間に三たびまで杖を半島の地に曳いて、つぶさに四時の変化を記述した因縁であったろう。これが尋常の遊歴文士の勉強した風流でなかったことはもとよりである。現に彼が世を去ってから百年になるけれども、いかなる郷土愛もいまだ寸分の詠歎をもって、彼が述作以上に加うることを得なかったのである。

けだし旅行は伎芸であると同時に、また一種の修養であり研究であった。伴《つれ》を誘い酒を載せて、揺蕩してようやく到るという類の遊覧者に、帰って人に伝うべき何物もないのは当然と言ってよろしい。この種ただ評判の名所旧跡ならば、列挙するまでもなくすでに煩わしいほど日本には充ちている。もともと骨惜しみの見物左衛門である以上は、なるべく京阪近くの汽車近くの、行きやすいので間に合わせようとするだろう。そんなお客の争奪に失敗したことは、かえって男鹿のためにも結構であったかもしれぬ。

真澄翁の時代に比べると、男鹿のごとき世に遠い半島でも、やはり目に付くほどの変遷があった。その変遷を静かに考えてみることは、おそらくこの地を訪う者の最初の興味であって、そのためにもまた前に遊んだ人の筆の跡は、残すばかりでなく得やすいものにしておきたいと思うのである。

そこでまず持前の多弁を弄するが、オガという地名の今も存するのは、第一には筑前の岡の湊すなわち蘆屋を中心とした現在の遠賀《おんが》郡の海角である。陸前の牡鹿郡は久しくオシカと訓《よ》み、鹿が多かったゆえと説明せられている。なるほどそれも確かな事実で、ひとり金華山の神社にこの獣を放養するのみならず、土中の古物にも角器・骨器の鹿に属するものがいたって多い。しかしそれは単に後に牡鹿といい男鹿という漢字をあて始めた理由というばかりで、オカという名は三か所ともに、海に突き出した地であるのを見ると、陸地を意味するオカがもとであって、海角なるがゆえに最も早く目に入った陸地、すなわち海上にある者の命名するところであり、したがって海から植民せられた土地と見てよいように思う。

海の路絶えたり

オガが海から見た陸地のことであったとしたら、その名を承け継いでいるからには、当初確かに海の人が、上陸して住んだことになるのであるが、その末々は今どうしているであろうか。

思うに幸いにしてその血は濃く流れているにしても、職業は必ずいくたびとなく変わっている。現在海で働いている人々の、多くは近世の移住であることは、尋ねてみればすぐに知れることで、男鹿の最初の開発は、むろんそれよりもはるかに古い話であった。島がおいおいと主陸に繋がって来たように、人と土地との因縁も、常に内の方へばかり伸びて行く習いである。海の路は茫洋として早く忘れやすい。足跡を踏んで嗣いでくる者がなければ、故郷の懐かしさも孫の代までは伝わりえない。だからもし小さく団結してみずから守ることがむつかしいとすれば、内に向かって平原の統一に、加盟するの他はないわけである。初期の男鹿人はおそらくは寂しく、かつ忍耐深かったであろうと思う。

しかもそれは島国の古今を一貫して、避くべからざる生活の関門であった。わが民族の妥協性もしくは事大性とも名づくべきものも、こうして海を越えて異郷に移る人々の、必要がこれを養ったのであった。他の一方にはまた新しい職業を選定して、どしどしと境遇を支配してゆく力も、やはりこの原因から古来のわれわれの長所とならなければならなんだ。男鹿はたまたま地形の然《しか》らしむるところ、いわばその試験場の一つに供せられたという形であった。

前代の歴史は甚だしく埋もれている。二、三保存しえたる闘争の記録のごときは、とうてい黙々たる千年の推移を、窺い知らしむるに足らぬのであるが、およそこの半島の旧姓門閥と称せられた家々は、つとに利害の衝突を見て、互いに相傷けて滅びまたは衰えてしもうた。天然の恩恵にも制限があって、両立してともに栄えることがむつかしく、その上に外部勢力の干渉も繁かったであろうが、今いっそう根本の原因というのは、いわばこの地には争奪に値する中心の利益があったことで、すなわちかつておおいに栄えたがために、後衰えまたは亡びざるを得なかったとも言えるのである。

その中心の主要なる力の一つは、おそらく赤神山の信仰であった。奥羽の霊山ではこの半島に限らず、叡山仏教の影響を受けぬものはなく、現存の縁起は各地ほとんど皆慈覚大師の経営を説くけれども、それは概して後世の仮托であった。孤立少数の外来部曲が、山水の形勝に拠って新宗教を宣伝することは、最も普通なる彼らの自衛策であったから、これもまた当初は男鹿人の地方神の、強く付近の農村を威圧したものであるかと思う。

それがひんぴんたる動乱の結果を受けて、ほとんどその由来を説明すべき何らの史料をも保存せず、近代わずかに一期の隆盛をへた後に、再びまた今日の衰微を見たのである。男鹿の美しく明るい風景の底には、こういう人生の常とも言い難いほどの、烈しい有為転変が潜んでいるのである。

本山真山の争い

これほど秀麗なる山水の間にあって、人がなお争ったということは不思議なようであるが、男鹿の南北の生活利害は実はむしろ余りに有力なる中心あるがために、昔も今のごとく早くから調和の困難を見たのである。似たる先例をあげるならば大和の大峰を中にした熊野と吉野、これなどは神武御東征の大昔から、すでに後代の本当二派の山伏の対立が、予期せられていたといってもよいくらいである。

近世に入っては富士も白山も、おのおのこれに近い抗争があった。おおよそ霊山の信仰にして、いわゆる先達の職分の重んぜられる場合には、二つ以上の登り口の互いに競争の相手方を否認せんとするは自然であって、その根元の動機は決して利欲のみではなかった。

しかも結局は個々の神人の家の活計が、ぜひとも他の一方の屈服を条件として始めて安全なりという程度まで発達する故に、末には苦しまぎれに外部の擁護干渉を導いて来て、かえって固有信仰の純なる姿を、改めることをさえ憚らぬようになったのである。永い年月の間にはしばしば不完全なる和睦があり、あるいは一方の一時的敗北もあった。そうしてそのたびごとに、故意に以前の事情を忘却せしめようとしたのである。男鹿では北磯の側からの登り口を、今では真山という名前に確定しているが、本山の方の旧誌には新山とも書いている。真山という文字のいかにも後になって考え出したらしいのを見ると、ある時代これを新山と呼ばしめていたものが、後再び分立したことだけは推測しうるが、果してその新山が最初からの呼び方であったか否かは余程疑わしい。山では熊野の本宮新宮の関係と同じというけれども、あれとこれとはまた事情が別なように思う。

真山の方では光飯廃寺のもとの庭に、中興大師のお手栽《う》えと称する榧《かや》の大樹が、依然としておおいに茂り栄えている。あるいは慈覚その人よりもなお古いかと思う名木で、そのある場処も遠近の海を見晴らし、偶然に生長したものではもちろんない。これだけを見ても、いわゆる新山の主張の新儀でなかったことはうなずかれる。しかも他の一方には本山は門前の浜を控え、五社の社殿は正式に南面して、もっと自然な登山口であったことを、地形が明白に証拠だてているのである。

つまりはただ一つの尊き神、一つの天に近き高峰に対して、周囲の麓の里に住む者が、等しく熱烈なる信仰を寄せていて、最初からこれをある中心に統一することが困難なる形勢にあったのである。加賀の白山なども事情はすこぶるこれに近く、出羽ではまた羽黒の三山のごときも、この混乱のためについにみずからその歴史を述べることさえできぬようになった。しかもその闘諍に参与した家々は、敵も味方も公平一様に衰え尽くし、今はかえってやや不純なる原始信仰が、放任の結果として再び平民の間に、復活することになったのである。

男鹿では足利時代の終わりに近くなって、本真二山の社僧が相前後して、真言山伏の宗派に転属したことがあった。その動機は恐らくは政治的のものであって、これに伴のうて麓の住民にとって、不必要なるいろいろの改革が行われたように見える。たとえば漢の武帝だの蘇武だのという物々しい縁起は、上古以来のナマハギの信仰を、大切に持ち伝えた素朴なる村人に向かっては、あまりにも縁の乏しい外国文学の応用であった。

正月様の訪問

こんな話は風景と縁がない。また旅人の関知するところでないと、言う人もありそうであるが、自分らとしては男鹿が鹿のいる島であったとともに、さらにまた正月十五日のナマハギの故郷であったがゆえに、その天然に一段と深き懐かしさを覚えるのである。土地の人の直話では、男鹿のナマハギは近年もう著しく衰えたということである。そんなに意味のあるものなら、どうにかして今一度復活させようかと言ってみたところで、本来信仰に固い基礎をもった風習である以上は、形態ばかりを真似てみたのでは、いたずらに好事なる少数者の趣味を満足させるだけであって、前代を理解するたそくにはならぬ。やはり黙って自分らの饒舌を、聞いているより他はあるまいと思う。

太平洋に面した奥州の一部では、この小正月の晩に来る蓑笠の神さまを、ナゴミタクリまたはヒカタタクリと呼び、やはり怖ろしい声をして手には小刀を携え、それを筒ようの器に入れて、がらがらと鳴らしてくる村もある。ヒカタは東京などで「火だこ」ともいうので、火にばかり当たっている者の肌膚《きふ》にできる斑紋、すなわちなまけ者の特徴である。タクルとはすなわち剝ぐことであった。火だこのできている皮を剝いでやろうと称して、小刀を鳴らして夜くるので、要するに信越地方などでいうヅクナシに対しての、神聖なる一つの脅迫である。

ナマハギのナマも同じく「火だこ」のことで、またナマケ者のナマとも関係があるように思う。ナゴミというのもまたそれらしいが、閉伊郡の海岸の人は、それを化け物のことだと私に教えてくれた。あるいはそのナゴミタクリが、こわい声でモーといってくるゆえに、これをモーコと称しまた一般に化け物をモーコといい、蒙古人のことだと説明した物知りさえあった。言うことを聞かぬ小児が大いにおどかされ、親の仲裁によって辛うじて宥《ゆる》してもらい、おとなしくその晩は寝ること、子供のない家でもいろいろむつかしい文句を述べ、後に酒を出されて仮面の下から飲むことなど、閉伊のナゴミも男鹿のナマハギもよく似ていて、その時期はどこの国でも、必ず正月十四日の深夜に限られている。すなわちこれが本来われわれの年の神の姿であったのだ。

旧仙台領から南へ行くと、くるにはくるが女子供は畏れない。ただめでたいことばかり述べ立てて、餅や酒をもらうことにのみ熱心である。半ば以上も遊戯化しているから、まじめな好青年はこの役に扮することを喜ばぬが、顔を隠し作り声をして、同じ日の夜くることだけは一様である。それを宮城県の北部ではサセドリ、南の部分ではカセドリともいうようである。

津軽でカバカバというのも同じ式ではあるが、これも今は主として小児の事業になっている。福島から会津にかけてはチャセンゴといっている。関東平野の一部ではタビタビ、中国の多くの県ではホトホトまたはコトコト、これは戸をたたく音を意味している。戸はたたかずに今では口でそういうのみである。瀬戸内海の西部から土佐にかけてはこれをカユヅリと称し、九州に入ると再びまたトビトビもしくはタメタメというそうだ。トビもタビもともに「給え」すなわち下さいということを意味する。もとは交易の申込みであったろうが、もうこの方面では単なる物もらいに近く、したがって小児ばかりがこれに参与するゆえに小学校ではやかましくこれを制止する。

ところが海を越えてはるか南の、八重山群島の村々においては、また北の果の男鹿半島と同じように、いたって謹厳なる信仰をもって、これを迎えて一年の祝い言を聞こうとする習いがある。このことはかつて『海南小記』の中に少しばかり述べておいたが*、それは変化のいろいろの階段が地方的に異なるというのみで、本来一つの根源に出ずることは、比較をした人ならば疑うことができぬ。すなわち一年の境に、遠い国から村を訪れてはるばる神のくることを、確信せしめんがための計画ある幻《まぼろし》であった。そうして男鹿人のごときは当然に彼等のナマハギを、霊山の嶺より降りくるものと認めていたがゆえに、この深い山水因縁が結ばれたのである。

二人の山の鬼

男鹿のナマハギがもと赤神山の五人の鬼と、関係のあったことは想像しえられる。大和の吉野山を中心として、全国に宣伝せられた修験道が、仏教以前の根源をもつことは証明にかたくないのだが、この信仰にもまた五鬼と名づけて、神に仕える善鬼すなわち護法神があった。それが人間に住して山伏の元祖となると伝えて、山伏の家も通例は五流に分れていた。それゆえに男鹿の本山でも、五人の鬼を説き立てたのであろうが、五鬼とはいうが男鹿の方では、ミケンとサカツラとは夫婦の鬼であった。それが死んで後に眼光と首人と押領との三鬼が、出て来たように伝えているのは異様である。恐らくは別系統の沿革があったことと信ずる。

そうすると本山永禅寺の柴燈堂において、毎年正月の十五日の日に、山から降りてくる神人に堂の中央の窓から餅を投げて与えたという儀式、および何人もその姿を見ることを許されず、もし誤ってこれを見れば、必ずその人に災いあるべしと言った話も、後世の社僧たちがなおある程度にまで山の伝統を承認した痕跡であるということができる。仏法ではすぐに薬師観音の化身ということにしてしまうが、いわゆる異人の霊山に住むと信ぜられたのは、いつでも仏法以前からのことであった。あるいは山の神であり、開山の名僧に地を譲った地主神であり、また時としては案内者の猟人であったものが、たいていは大師の法力に心服して、祀られつつ寺の守護に任じているように、説明するのが寺々の縁起ではあった。しかしながらそれは必ずしも、土地の住民の父祖から告げ教えられたところと、一致してはいないのであった。

男鹿と似たような例は東北の名山に幾らもあるが、近くは津軽の岩木山でも、山の神は安寿と津志王との姉弟で、岩木判官正氏の子であり、津軽伯爵家の先祖を助けたのは、卍字と錫杖との二頭の鬼、山中赤倉の巌窟に今も住むというのは二人の巨人というように、話は幾組にも分れてはいるが、根本はただ一つで、解釈のみがいろいろになっているのである。畢竟《ひっきょう》するに最初その類の言い伝えが存在しなかったら、後に乗込んできた新宗教も、かくまで由来記の編述のために、苦心結構するの必要はなかったのだから、なお信仰の基礎は土民の間に、あったと見て差支えがないのである。

だから男鹿でも歴代の争奪をへて、南北の登山路の寺社は、すでに他国の客僧らに占領せられたけれども、なおその麓の里ごとに古来の土を耕す農民などは、各自の最も大切とするものを持って彼らとは一旦の縁を切ったのである。しかも山の天然との断つべからざる連絡は、年々のナマハギに扮する青年がこれを掌《つかさ》どり、他の府県にあって多くは形式化し遊戯化したものを、ここにはほぼもとの姿をもって、最近まで保存して置いてくれたのである。

男鹿はこの意味において、ことに旅人のためには懐かしい昔の国である。海から来た人が土を拓いて武士となり、山に遊んで獦者となり、神を感じて熱心なる風景の愛護者となった結果が、おのおのわが生活の価値を高く評価して、それに相当する利得を要求し、やがては闘争して相滅さざるを得なくなったのである。悲壮なる日本の中世史の、一つの縮図のごとくにも感じられる。

椿の旅

男鹿の風景のことに詠歎に値するのは、永い年代の目に見えぬ人の力が、痕もなくこの美しい天然の裡に融け込んでいることである。その中でも椿と鹿との記憶せられざる歴史は、最も多く自分たちの興味をひいている。

天然物保存に功労ある生物学者等は、未だ植物の自然生北限ということについてわれわれの合点するだけの説明をしてくれなかった。太古北半球がかつて甚だ暖かかった時代に、この地方の全土を蔽うていた椿原が、漸次退縮して今の小部分のみを残したということは、考えれば考えられるというまでの話で、いかにも心もとない仮定である。もしそのような状態が実在したとすれば、何ゆえに今でも気候風土の自在なる繁茂を許す地方に、今少したくさんの野生を見ずして、北地にばかりこの通り豊富であったのであろうか。

全体に椿という木の分布順序については、まだ若干の学者の考え残しがあるように思う。太平洋岸でも気仙、唐桑以北の数か所、日本海の方でも津軽の深浦、それから青森湾内の小湊その他の岬の蔭に、おおよそ鳥が実をついばんで一息に飛ぶ距離の、五倍か七倍かの間隔をもって、いずれも一団の林をなして成長繁茂するのを、果して自然界のでたらめと見ることができるであろうかどうか。

しかも他の一方には若狭の八百比丘尼《はっぴゃくびくに》のごとく、玉椿の枝を手に持って、諸国を巡歴したという旅人はあったのである。愛する土地の美女と約束をして、またの年には椿の実を携えて再び訪ねてきたら、これを見て悦ぶべき恋人はもう死んでいたので、それを地に投じて歎き慕うていると、芽を吐き成長して神の樹となったという類の言い伝えも、土地によっては残っているのである。それからまたこの木の茂る所は、たいていは神の杜である。無論椿存在の奇異が、神を祀った原因であったとも言いうるが、とにかくに人とこの植物との関係は昨今でなく、また鳥などよりも親しみが深かったのである。

植物には榎や柳のごとく、庭木でないまでも里の木であって、山野に行けばかえってしだいに少なくなるものが稀れでない。これらを存在せしめるだけでも人間の意思であった。奥羽に向かってはその上に積極的に、若干の努力が加わっているかと思う。人が考えて移し試みなかったならば、椿などはとうてい雪国には入りえなかったろう。この細長い日本という島は、常にチューブのごとくまた心太《ところてん》の箱のごとく、ある力があって常に南方の文物を、北に向かって押し出していたのである。椿が稲や田芋と同じ程度に、人間生活との交渉の深いものでなかったということは、天然信仰の一向に研究せられぬこの国においては、まだまだ断言しうる者はないはずである。あるいはこれもまた隠れたる一つの史蹟記念物であって、単なる天然の記念物ではなかったかもしれぬのである。むやみに専門家の独断を信じないことにしよう。

鹿盛衰記

玉椿の常磐に緑にして、つぎつぎに若木の花を咲かせたのに比べると、変化曲折の最も甚だしかったのは、この半島の鹿の歴史であった。

ここでは常陸鹿島や金華山のごとき、信仰の保護ははやくからなかったらしい。しかも自分が男鹿に遊んで、始めて知っておおいに驚いたのは、今でもまだ鹿がいるという事実よりも、人間の干渉があまりに自由自在で、彼らの運命が椿以上に、常にこれによって左右せられていたということである。

『男鹿名勝誌』の引用した旧記が正しいならば、男鹿山の鹿はすでに安倍氏の治世に狩りつくされて一たんはその種族が絶えた。それを佐竹侯入国の始めのころ、わざわざ仙台領のたぶん金華山などから、三頭とか四頭とかを取り寄せて放したということである。すなわち今あるものも祖先以来のはえぬきではなかったのである。

それが久しからずして再び田畠を荒らすようになり、時に鹿狩を企ててその害を除いたということで、五、六十年後の正徳二年の狩には、三千頭の鹿が捕獲せられた。それから四十年ほどを隔ててまた九千三百、まだその残りが二十年後に算《かぞ》えてみたら、二万七千ほどいたというのは、少々信じにくい統計であった。

しかしとにかくに鹿のおりそうな山である。おっても差支えのないような林の色をしている。それが今日では「鹿捕えるべからず」の制札ばかり、村はずれの路傍に白々と立っていて、もう何人からも鹿の話などは聞くことができなくなっている。

鉄砲流行のためばかりでもないようである。明治の文化は徹底して彼らの敵であった。二、三の遊覧地においては鹿を珍しき見物とせんがために、あらゆる手段を講じてその明治化を防いだかの観がある。現に東京四周の平原の、今筆者の居住する黒土の高台あたりも、ごく近いころまで有名な鹿生息地の一つであったが、誰がきて捕ったという人もなしに、今では甲州境の山にさえ少なくなった。

食ったり皮を着たりするだけの事なら、昔の人の方が今よりも盛んにやっていた。つまりは今日は人が公園地以外にあって、鹿というものに親しみを持たなくなったために、鹿の方でも生存の興味、または張合いともいうべきものが、なくなった結果ではあるまいかと思う。そう考えてもよいような話は多いのである。

人がこの五十年の間に二倍になったとは言っても、まだまだこの辺の海と山との間には、静かな林や草原が多い。生計の事情の許す限りにおいて、野獣野鳥の繁殖を公認することが、おそらく男鹿の風景を活かす最初の用意ではあるまいか。自分などはいわゆる国立公園の計画も、ただこの条件の下においてのみ、全国の支援を受けうべきものだと思っている。

雉の声

こういう心持から、自分が男鹿の風景の将来のために、最も嬉しい印象をもって聞いて帰ったのは、到る所の雉の声であった。雉だけは今でもまだこの半島の中に、やや多過ぎるかと思うほども遊んでいる。それがもう他の地方の旅では、そう普通の現象ではないのである。

また例の余計な漫談であるが、雉の声で思い出す自分の旅の記念は、多くはないが皆美しいものであった。若狭の海岸は島が内陸と繋がって、中間に潟湖を作った点は男鹿とよく似ている。ただその山が迫って、水が小さくいくつかに区切られているだけである。この湖岸の林にはやはり雉が多く啼いていた。六月始めのころであったが、小舟に乗って三つ続いた湖水を縦に渡って行くと、よく熟した枇杷の実を満載してくるいくつかの舟とすれちがった。紺のきものを着た娘などの乗っている舟もあった。岸には高桑の畠が多かった。この鳥の住んでいるような土地には、どこかにゆったりとした寂しい春がある。

信州の高府《たかぶ》街道というのは、犀川から支流の土尻《どじり》川の岸に沿うて越える山路だが、水分れの高原には青具《あおく》という村があって、五月の月末に桃山吹山桜が盛りであった。それから下って行こうとすると、真黒な火山灰の岡を開いて、菜種の畠が一面の花であり、そこを過ぎるとたちまち浅緑の唐松の林で、その上にいわゆる日本アルプスの雪の峰が連なって見える。雉がこの間に啼いていたのである。山の斜面は細かな花崗岩の砂になっていて、音も立てずに車がその上を軋って下ると、おりおりは路上に出て遊ぶ雉の、急いで林の中に入って行く羽毛の鮮やかなる後影を見たことであった。

こういう算えるほどしかない遭遇以外には、東京がかえってこの鳥の声を聞くに適していた。春の末に代官町の兵営の前を竹橋へ通ると、右手の吹上の禁苑の中から、いつでも雉の声が聞こえていた。年々繁殖して今はよほどの数になっている様子である。駒込でも岩崎の持地がまだ住宅地に切売されぬ前には、盛んに雉が遊んでいて啼いた。

男鹿の北浦などは、猟区設定の計算ずくのもので、たぶんもう農夫の苦情もぽつぽつと出ているであろうと思うが、何とか方法を講じてこの状態を保存させたいのは、春から夏の境の一番旅に適した季節に、こうして雉の声を聞きにでも行こうかという土地が、今では非常に少なくなってしまったからである。瀬戸内海の小さな島などでは、あるいは保存に適したものもあろうが、実はあの辺では人間が少し多過ぎて、おまけに精巧をきわめた鉄砲を持ち、一日に七十打ったの百羽捕ったのと、自慢をしたがる馬鹿な人がすぐやってくる。秋田県の北のはずれの猟区のごときは、設定者のためには少し気の毒かもしれぬが、そんな金持はまだ当分はきても少なそうである。

花と日の光

自分が男鹿に遊んだのは、五月第三の日曜、月曜であった。もとより偶然の選定ではあったけれども、ひとり野の鳥の声を聞くばかりでなく、海山の色を見るにも、これが恐らく最上の季節かと思われた。今後の行楽者もこのころを中心にして、半島の旅を計画せられんことを勧める。

　山が霞んで遠景の隠れる点では、あるいは秋の中ごろに劣るという人があろうが、その代わりには峰の桜がある。黒木に映ずる柔らかな若葉の色がある。全体にこの地の人々は、まだ山の花を愛する慣習がないと見えて、あれだけの樹林と村居とに比べては、見渡したところ天然の彩色が少し淋しいと思った。今ある桜などもかつて山詣での最も盛んな時代に、栽《う》えておいたらしい数株の老木のみである。

　その山桜の老木が、ちょうど私の訪ねた日には、真青な空の下にちらちらと散っていた。真山の五社殿を後ろに廻ると、わずかな間の草山の登りが特別に急であって、またその対価以上に眺望がよかった。恐らくは将来男鹿を訪う者の、必ずきてみなければならぬ場所になるであろう。

　山の斜面はほぼ正東に向いている。最初は前に立つ寒風山に隔てられて、ただ想像するだけの八郎潟が、登るにつれて少しずつその両肩の上に光ってくる。それが半腹を過ぎるとほとんど全部、寒風の峰を覆うように見えるのであるが、その見晴らしの最も優れた地点で路を曲げ、曲がり角にはちゃんと桜があるのは、疑うところもなく心あっての設けであった。以前この辺まで一帯の林であったころには、必ずこの花の蔭に息を入れて、振返って始めて三方の海を眺めたことと思う。

本山の若葉山の姿も、やはりこのあたりから見るのが好いように思った。細かに観察したならば、美しい理由ともいうべきものがわかるであろう。山の傾斜と直立する常磐木との角度、これに対する展望者の位置などが、あたかもころ合いになっているのではないか。画をかく人たちに考えてもらいたいと思った。

その上に昔もこの通りであったろうとも言われぬが、明るい新樹の緑色にまじった杉の樹の数と高さとが、わざわざ人が計画したもののように好く調和している。自分などの信仰では、山の自然に任せてさえおけば、永くこの状態は保ちえられると思っている。北海の水蒸気はいつでも春の常磐木を紺青にし、これを取り囲むいろいろの雑木に、花なき淋しさを補わしめるような、複雑な光の濃淡を与えるのであろう。そうすれば旅人は単に良き時におくれることなく、静かに昔の山桜の蔭に来て立って、歎賞しておりさえすればよいのであって、自然の画巻は季節がこれを拡げて見せてくれるようになっているのだ。

風景の宗教的起原

この次には男鹿に遊ぶ順路というものを考えておきたい。自分は必ずしも海の男鹿を軽んずる心は持たぬが、せっかく高い広々とした観望場があるのに、それを外にして片端から横面を仰いで、直ぐに引返そうという遊覧法だけは排斥する。

日光山で滝ばかり大騒ぎをしたのと同じように、あれは以前の修験者の足跡を、法外に尊重した遺風であったかもしれぬ。実際本山の方の名僧たちには、岩に攀《よ》じ洞に閉じ籠って、浮世をよその修行をした人も多かったから、舟でこのあたりを過ぐる者の、随喜し礼讃しかつは畏怖したのも自然だが、それと自然そのものの崇拝とはまた別である。しかも風景の起原はどこの国でも宗教がこれを誘うている。ことには葛の根を煎じたものを、カッコントウといえばありがたがるような日本では、漢字で名の付いていることは、俗衆への威圧であった。つまり囚われているのである。脱しなければならない。

人はみずから奇を好み珍を愛すと称しつつ、多勢が行くなら私も行きたいというのは、笑うに余りある自家撞着である。そんな風だから山水が流行の奴となり、世間が騒いでくれぬと悲しくなるのである。率直に言うと、男鹿の外海ほどの巌ならば方々にある。伊豆の石廊《いろう》でも土佐の立串でも、その他全然無名なる中国の海岸でも、まだあの上に青々たる千年の佳松を載せて、今なお一首のへぼ歌をも拝領していないものがいくらもある。つまり日本はそんな国なのだ。大きいものをできるだけ小さく見て、外を知らずにひとりでそれを自慢しようという国なのだ。

新たに世に認められんとする風景はそんな物であってはならぬ。海が荒れるから今日は引返そうというような不自由極まる鑑賞方法に、この壮大な天然を放擲《ほうてき》して置いてはいけない。できるだけいろいろの変化が見られるようにする必要がある。

ゆえに男鹿を愛する人々の将来の案内書には、第一著に旅人の選択しうるようないくつかの路順日取りを立てて、ほぼその道中の難易を説明すべきである。これに対する設備などは、人通りさえ多くなれば営業者の方で改良してくれる。今までの名勝記は常に客引きをかねていたから、外の人からは失望と不満とを招くのみならず、仕事としても張合いがなかったのだが、こんな愉快な事業は実は今の世の中にも少ないのである。地理の学問として青年がみずから企つべきである。

南北の結合

汽車の旅人ならば、いずれは今後とても一日に見て帰りたいという人が多かろう。しかしその中にも必ず難易二種の注文が出てくる。最も労少なき一巡方法としてはやはり半分は船によってついでに評判の高い海の男鹿を、見落とすまいということになろうから、やや軽快なる乗合船さえ用意しておけば、永く船川の港のさびれてしまう心配はあるまい。

船川門前間の道路は改修の計画がすでにある。ここを自動車が走れば時間も早くなり、それだけ遊覧の変化も加わるわけである。戸賀《とが》の湾口は今のままでも、多分小舟の出入には差支えないのであろう。これからやや足の達者な連中が、わずかな崖路を登って行く二三ノ目潟を見物し、広々とした草原を自由に散歩して、陸から別の乗合で帰って行くとすれば、半分のお客さまは取られる形になるが、それを循環の路線としておけば、逆に帰りの船にも乗る人があるわけだ。

しかし大体からいうと、陸の方には大小の跡筋が多く、したがって新しい情景のまだ発見せられぬものが残っているから、北磯の交通が開けて行くとともに、一時はこちらへ人の心が傾くであろう。その傾向と調和して、旅人も土地の人もともに満足するような、有効なる男鹿見物をさせるためには、戸賀港の水陸連絡が将来は一段と重要になることと思う。

半島の旅行に二日、三日を費やそうという者は、数ははるかに少ないであろうが、質において感謝すべき旅人である。しかるに現在のところでは彼らに対して、款待はおろか相談相手になるだけの設備もない。地図さえも事によると、細工をして人の判断を誤らせようとするのだ。これではよほどの冒険家でない限り、いつでも熟路によってありふれた見聞をもって、辛抱をする他はあるまいと思う。

自分などの見たところでは、男鹿の美しさは水と日の光の変化に存する。すなわち静かに止まって眺めているによい風景である。かりに温泉などは小規模で、また快活でないとしても、あの広大なる高原は宝物である。ゴルフの連中などはきっと涎《よだれ》を流すだろうと思うが、そんなことには自分たちは構わぬ。それよりも最近せっかく起こりかけて、場所のないので困っているのは、若い人たちの野営旅行だ。明るくて乾いていてみるものが多くて出入の自由な、こういう好い練習地は東北にもあまり多くはない。これに飲み水と質素な生活用品とを、供給する位はいたって容易なる準備であるのだが、それをすら今はまだ企てようとする人がないのである。

旅人の種類

近世の紀行文学の一つのコツは、いかに世に知られた路傍の好風景でも、これをさも新発見のごとくに吹聴して、国中の最も無識なる者、もしくは多少の反感を抱く者に対するような態度をもって、記述と解説の丁寧をきわめることにあるらしい。すなわちいわゆる弁護士が法廷に立つごとく、常に背後の傍聴人の感激を目的としておればよかったようである。ところが不幸にして私のオガサベリは、相手が自分よりもはるかに詳しい秋田人であった。そうして男鹿の天然のおおいに恵まれていることは、内田伯爵すらもよく知ってござったのである。

そこで在来の型を破ってこんな無益なる予言のごときものをしなければならぬことになった。風景はもとより品評批判すべきものでないと思うが、これに親しまんとする人の心持だけは、まだいくらでも改良しえられる。山水は永古に無心であろうとも、ただその正しい鑑賞と理解のみがわれわれ旅人をして修養せしめるからである。

男鹿は久しい昔から、もう住民のみの男鹿ではなかった。その上に近ごろはたしか県の有力者が先に立って、顕勝会とでもいうようなものを設けている。会を作ったからには何か仕事がなくてはなるまいと思うが、まだその事業が気を付けてみると、案外にたくさん未発見のままで残っている。

自分のさしで口を今一度くり返すならば、土地の生業に障害をおよぼさぬ程度に、今少し樹を茂らせ花を咲かせ、鳥獣を遊ばしめなければならぬ。ことに遠い対岸の大陸から、年々季節を定めて遊びにくる渡り鳥の大群を、せめて観光団程度には優遇しなければならぬ。うち捨ててさえおけばそれが自然の保存になるようだが、現在の人類繁栄は実に暗々裡に彼らの安寧を侵蝕しているのである。だから心を付けて、少なくとも燃料のために樹林が衰えぬだけに、一方には復原区域を設定しておかなければならぬ。

交通機関の改善も結構だが、別にただあるいて遊ぶ人々の便宜も考えてやる必要がある。しかるにこれだけ多い小径とその連絡とを、示すだけの地図すらもない。案内記と名の付くものはたまたまあっても、それは単なる飲食店の広告に過ぎぬ。前にきて見た旅人の経験と興味とが、精確また平均には説明せられていない。季節のことも書いてなければ、順路も路々の記念物も閑却せられ、いたずらに最上級の讃辞をつらねて、浜に転がった岩ばかりを説いている。一日も早くそんな物の代わりを作って、しきりに知りたがっている人々に語ろうとしなければならぬ。

それよりもなお大切なる急務は、将来いかなる種類の訪問者を、主として期待するがよいかを考えておくことである。感覚の稀薄ななまけ者ばかりを、何千何万とおびき寄せてみたところが、男鹿の風景はとうてい日本一にはなれまい。

（昭和二年六月「東京朝日新聞　秋田版」）

東北文学の研究

一、『義経記』成長の時代

発端

あらゆるわれわれの苑《にわ》の花が、土に根ざして咲き栄えるように、一国の文学にも正しく数千年の成長はあったが、文字というものから文学を引き離して見ることのできぬ者には、その進化の路を考えることが自由でなかった。ことに見もせぬ西洋のきれぎれの作品を、人が辛苦して歓賞せんとするごとく、都市の塵煙の中から出現したものでなければ、文学として愛しかつあこがれるに足らぬと考えてもいるらしい地方の諸君には、今はほとんど目隠しと同様なる拘束があるのである。早くそういう薄暗い時代が去ってしまえばよいと思う。

文学と文字と、この二つのものの混同は昔からであった。もし迷信ならば歴史ある迷信である。たいていの国には文字という語から絶縁した文学という語はないのである。

文学はすなわち文字をもって書かれたものということで、文字あって始めて文学ありという考えから、最初はそれ以外のものを文学の中には入れなかったのである。しかもその断定の条理がなかったことは、日本人ならばすぐにわかる。例えば『万葉』にはその輯録《しゅうろく》の時から、数百年前の歌まで載せてある。『古事記』『書紀』には神代以来の尊い物語のいろいろが伝わっている。それらがわが国に発生した全部でないとする以上は、文字以前の文学というものがあると同時に、文字以外の文学というものも、また少なくとも上代には盛んであって、文字の教育の普及とともに、だんだんとその区域を縮小してきたことも推測にかたくないのである。そうしてこの内外の二種の間には、各時代を通じて不断の脈絡系統こそはあったが、雅俗貴賤というがごとき類の差別は、本来は少しもありえなかったのである。

もちろん文字によってまず征服せられたのは、朝廷または寺院周囲の文学であった。少しでも価値ある口と耳との文学ならば、筆を役してこれを保存しようとする者が、いくらもその辺にいたからである。これに反して早く村に生まれ、もしくは旅をして田舎に入ってきたものだけは、ただ古来の方法に従って伝承するの他はなかった。特に文字に録しておく力もなく、また少しもその必要がなかったのである。それがいずれの方面にことに年久しく行われたか。文字の新威力に拮抗《きっこう》して、いかに忠実にその本分を尽くし、むしろおうおうにして彼にあっては不可能なりしものを、いかにたやすくなしとげていたかを考えるために、試みに自分は『義経記』と称する一篇の物語を、例に取ってみようとするのである。これが必ずしも美しい東北文芸の全部を、代表していたと認めるからではない。かつては道の奥の野に咲いた芸術が、黄金よりもなお広く国中を周遊して、ついには都市の文字の文学に、永くその跡を留めているということを、今はかえって忘れてしまった人が多いが、幸いにしてまだこの方面には、さかのぼって尋ねて行かれる一筋の路が残っている。延びて繁るものは必ず根あり、流れて潤おすものには必ず清き源泉があるという事実を実験することによって、できるならば標準文学のせま苦しい統一から、脱却してみたいと思うからである。

『義経記』の成立

われわれの祖先の中世の生活に、『義経記』ほど親しみの深かった文学は他になかろうと思うが、それと同時に後々これほど粗末に扱われたものもまた少ないようである。それには江戸という土地がこの物語と、あまりに縁がなさ過ぎたということを考えてみなければならぬ。富士を見ると曾我兄弟を思い出すが、あの麓を流れた黄瀬川《きせがわ》の岸で、生まれて始めての対面をした兄弟は、後に不愉快な仲たがいをしているために、古墳の感興を割引してしまったのである。鎌倉へは静御前《しずかごぜん》が来たばかりで、判官は首になっても、腰越から中に入ることを許されなかった。そうして武蔵には兄将軍の足跡ばかり多い。つまりはこの物語が、関東の土には合わなかったのである。趣味の相異が親と子、兄と弟を疎隔することは、昔といえども免れえなかったのである。

近代は多くの活字版が、再び『義経記』をわれわれの間に流布したけれども、その親本というべきものは一つである。現在の定本が版になった最初は、はっきりとは知れぬが江戸期の初めらしく、三百年より古いことはないようである。そうしてその時に始めて著述したものでないことだけは誰も認めるが、以前写本で行われていた期間が、百年か百五十年かはたなおずっと久しいかは、これをまだ決することができぬのである。いわんやその内容がいかに変化してきたかの問題のごときは、実は考えてみようとした人もないのであった。

『平家物語』などとの一番大きな相違は、『義経記』には異本というものがいたって少ない。『平家』の方はいくつともない別系統の写本が見つかったことは、山田教授もすでに報告*せられた通りで、『源平盛衰記』などもあまりに改悪が多いけれども、実は新しい極端な異本である。『平家』を『盛衰記』の程度にまで変化させて行くことももとはできたのである。しかるに『義経記』ばかりは一向にその跡が認められぬが、単にこの事実のみをもってあるいは写本流伝の時代のはなはだ短かったことを、想像する者があるなら速断である。何となれば人が口から耳と語り次いで、写本なんかは入用でなかった場合が、存外に永く続いたかもしれぬからである。

実際また『平家』なども同じことだが、物語の流布に携わった者は、もとは主として座頭であった。座頭には目がないから本などの入用は絶対になかった。しかるに『平家物語』にはあれだけの異本がある。不思議だと言ってよいのだが、流派の分立があまりにはなはだしく、かつ学問階級がそれぞれこれを後援したために、盲もぜひ自分の本を持たねばならなかったのである。これを書くことに助力した人は、また読む方にも参与し、琵琶抜きにいわゆる素読みをしたい希望が早く現われた。われわれの読むということは語る方の真似であった。音読をしない場合は見るといって読むとは言わなかった。こうしてだんだんに最初の目的以外の、写本というものが生じたのである。

これらのいくつかの事情が伴なわなかったら、『平家』にも異本はなかったはずである。自分が最近に実験したのは*信州には、『諏訪《すわ》大明神御本地《だいみょうじんごほんじ》』と称して、地方限りの語り物がある。甲賀三郎大蛇の形に化して地下の諸国を巡り、後に地上に戻って来て諏訪の大明神となるというとんでもない話である。近々に章句を版にして置きたいと思っている。諸所を尋ねて十種に近い写本を見たが、いずれも百年そこそこより古いものはなかった。しかも意外なことには南北朝の末、延文年間に書いたことの確かな、安居院《あぐい》の『神道集《しんとうしゅう》』*というおかしな漢文に、同じ筋の話がちゃんと出ているので、つまり農民の隠居などにも仮名文字が書けるようになるまで、三百年近くも本なしでもとの形を保存することが、昔の人にはできたのであった。それがまた『古事記』が精彩ある神代の記録を、世に留めた理由でもあるので、現にアイヌの中の稗田阿礼《ひえだのあれ》などは、今だって文字を利用しようという念はないのである。

昔の文字の教育はほとんど京ばかりで、僧でも田舎にいる者は諳誦《あんしょう》が仕事であった。はるばる九州から豆を背負うて学問をしにきたという話もあり、地方にはその機会はいたって少なかった。聴衆は物語の愛好者であったけれども、やはり上下を通じて皆一種の盲であって、写本の必要のなかった点は語る座頭も同様であった。したがって今日異本の少ないということは、『義経記』の京へ入ることの遅かった証拠にはなるかもしれぬ。またこれに携わった者が偏土をあるいていたことを意味するかもしれぬ。しかしそればかりでこの物語の起原の古くないことを推定するのは、例えば安居院の『神道集』がわれわれの目に触れなかった場合に、かの甲賀三郎の話を天明・寛政より後に始まったと解するような無理である。ことにその内容が果して古いままであるか、はたまた京都へきてからこのように変化したものか。その変化もただ一つしかなかったか否かにいたっては、別に他の方面の資料を借りきたって、落付いて考えてみなければ何とも言えぬのである。

座頭の交通と割拠

『義経記』の今ある本は、始めから読み本であった。盲でなくとも一人の語り手が、これを管轄するには余りに込みいっている。しかもその部分について見ると、たとえば石山寺の紫式部のように、ある才人が紙を伸べ筆を捻って書き出したものとは、いかにしても考えられない。しからばこれもまた一種の結集であって、誰かが物好きにまたは辛苦をして、これを中央へは持ち寄ってきたのである。京都大番の組織が改まって、おおいに上ってくる国々の武人団が、仮屋を構えてともに住むこととなってから、地方風俗の都の生活を動かしたものは、ひとり二、三の歌や語り物のみでなかったが、ことに徒然《つれづれ》なる旅宿の伴侶《はんりょ》として、遠い国元から取り寄せる品としては、これほど手軽なものはまず他にはなかったので、いわゆる座頭の京登りのごときも、本人にはまた別途の目的があったにしても、少なくともこれが最初の手引きにはなったのである。

地方には盲人の数が、今よりは遥かに多く、その生存の便宜の得にくかったことも、また後世の比ではなかったらしい。そうして金をためていわゆる京登りをするという習慣も、また決して江戸時代以後に始まったことでなかった。備後の神石《じんせき》郡の古風の田植唄には、

　おん坊は上るなァら
　びや箱なんぞは置いて行け
　あとでつるりやつんつるりや
　弾いてなり慰まう

という文句などもっていて、按摩《あんま》・針《はり》のご用もなく、三味線も筑紫箏《つくしごと》もまだ知らなかった時代から、ぐゎらんぐゎらんと鳴る琵琶の箱を背負うて、山坂を越えてはるばるの都まで、便宜があればこそ出て来たのであった。奥州出羽の所々の峠には、狼や大蛇のような恐ろしい山の神に、琵琶の一曲を所望されたという座頭の昔話が、いくつも残っているのであった。しかもそうして出世をしたのは何人かに一人で、他の多くの田舎に止った者も、何で生計を立てたかといえば、やはりまた琵琶と物語とより他にはなかったのである。

越後地方までは近世になると、上方を真似て『平家』を語る座頭がいたが、全体として関東以北の地には、この物語の流行しえない事情はあった。しかも人間の盲が昔ほど多かったと同時に、源平両氏が合戦を始めるより遥か前から、琵琶法師という者のあったことは、たくさんの証拠がある。光源氏が須磨《すま》に流寓《りゅうぐう》していた時に、明石《あかし》の入道がその無聊を慰めんとして、琵琶法師の真似をしたのは、物語だから信じられぬなら、後鳥羽院の熊野御幸の御旅宿へは、泉州でも紀州でも、この者が召されて一曲を奏している。それはいわゆる盛者必滅の理を説くには、少しまだ早過ぎた時代の事であった。座頭だからとて『平家』を語るのが本筋ときまったわけでもない。ただ彼らの間には流派の軋《あつ》轢《れき》があって、早く中央の形勝を占めた者が、官府の力を挟んで号令しようとしたばかりであった。近世のいわゆる当道《とうどう》を否認した盲群の中には、生まれた村々に黙って引っ込んでいた者と、たっておおいにこれと抗争した者とがあった。宝暦前後の西国の大訴訟は『瞽幻書《こげんしょ》』と題する記録が残っている。長門《ながと》と筑前の盲人の頭目には、二、三の刑戮《けいりく》に触れた者さえあったが、土地旧来の慣習はどこまでも彼らを援護したのみならず、なお背後には天台本山の、尻押というものが実はあった。全体にこの方面には、醜恠《しゅうかい》なる蔭の事情がなかなか多かったように思う。比叡山のごときは最後まで利権恢復の望みを絶たず、現に維新の際にも人を東国に派して、新たな盲人組織を試みた形跡があるが、差当りの入用にはその点まで説くには及ばぬと思うから省略する。

九州などの盲僧と称する者は、もとことごとく一寺の住職であって、しかも琵琶弾きはその主業であった。彼らが旅行の習慣を利用して、これを細作《さいさく》密偵に使役したものらしく、暴露して敵に殺されなかった者は帰ってから優遇せられ、島津氏などでは鹿児島と日向の某地に、随分いかめしい盲僧派の本寺があった。しかも配下の多数は寺禄のみでは養われず、竈払《かまどばら》いと称して夏冬の土用に、人家を巡回して地の神の祈禱をした他に、いわば余興としていろいろの物語を弾き、武家の子弟などには物好きについて学ぶ者もあった。それが今日の薩摩琵琶の起原である。筑前の方では明治になるまで、琵琶の盲僧は宗教行為の外に出でなかったのが、橘某なる者が薩摩にならうて、思い切って俗曲を行うことにしたのである。その他まだ詳しくは聞かぬが、肥前にも同種の寺があり、代々盲目をもって相続するために、不自然な所業もあったと伝えている。肥後ではケンギウ（検校）というのがこの盲僧のことであった。八代《やつしろ》郡の松求麻辺にも小さな中心があって、これも「地神経」を読んであるくほかに、興がる早物語や作り物語の類を、招かれては語ってあるいたので、その文学のほとんど全部が、最近になるまで口から耳への伝承に限られ、したがって境から外へは出なかったのは、いわば中央の座頭検校が目のかたきにしてこれを近寄せなかったためである。

つまり『平家物語』だけは記録の文学として、すでに優越の位を付与されているが、本来はやはり一時代一地方の産物で、単に歴史の偶然から後非常の流行を見たというまでである。すなわちその舞台というのが京都から関門まで、瀬戸内海を取めぐらした最富裕の地方であり、同時に中古以来の文字教育の進路と、それがほぼ一致していたお蔭に、喧嘩もした代りにはもとの形がよく保存もせられたので、いかに古かったところが奥州などの文学が、本ばかりではこれを味わうことのできなかった理由も、またこの裏面から推測することができるのである。

読み本としての『義経記』

単に今日の流布本ばかりで判断すれば、『義経記』が『平家物語』の弟分であり、あるいは弟子であることに議論はない。例えば義経の一生涯で、最も華やかなる一谷・屋島・壇浦は、わずかに、二、三行をもって片付けてある。佐藤忠信は非常な働きをしているに反して、兄の継信のことは一言も説かずに、後日奥州の親の家へ行くと、盛んに二人の兄弟を語っているのは、要するに普通の『平家』にその部分を譲って、もう改めてくり返すことをしなかった結果である。しかもこれが最初の義経の物語の、うぶの形であったということは疑わしい。と言うよりもこちらは非常な寄せ集めの継ぎはぎで、したがって不必要に引き延ばしてある。一言でいうならばまず感心せぬ本である。

それを今少し細かく分解してみると、八巻の『義経記』は三巻以上が生い立から出世まで、四巻以下が没落譚になって、その中間の世盛りというものが少しでも説いてない上に、その前後とても一続きの平らな叙述ではないのである。いわばいくつかの物語のかたまりを、並べてみたというまでである。したがって前に私が物語の舞台と名づけたもの、すなわち語り手と聞き手とがともに知っておらねばならぬ場所が、およそ六つほどに分れている、それぞれ少しずつ異なった彩色をもって、部分的に非常に詳しく描かれている。その中でも京と奥州とがあと先に二度ずつ、義経活躍の舞台となったのは当然である。鎌倉鶴岡も静御前が出て舞うために、必要であった事情は察せられるが、ひとり意外なのは吉野山の記事である。わずか十日の間の雪の中の漂泊、さまで華々しからぬ峰の衆徒との交渉のために、特に丁寧なる脚色を費やしたことである。察するところ謡曲や幸若《こうわか》の舞に見るごとく、義経の物語にも別々の幾篇かがあったのを、ほぼ年月の順序につないでみたというばかりで、つまりは相応な長さの読み本とするための、新しい細工であったらしいのである。

したがってよく見るといろいろの喰い違いがある。たとえば鬼《き》一法眼《いちほうげん》から兵法の秘書を取り出したと説かんがために、義経は中途で一度、中仙道を通って奥州から京へ帰ってこなければならなかった。弁慶が家来になるのもその際の話になっている。それから伊勢三郎が見出されるためには、保護者の金売吉次《かねうりきちじ》と一旦は手を別って、上州松井田の辺まで余計なまわり路をしなければならなかった。一度に趣向を立てたものならば、こんな不自然なことはしなかったはずである。ところが何か理由があって、伊勢三郎は妙《みょう》義《ぎ》山麓に隠れ住み、それが最初の家来として召し抱えられたことにしなければならなかった。『平家』や『盛衰記』を見て心付くことは、義経の家来としては弁慶よりも、伊勢三郎の方がはるかに多く働いていることである。弁慶が家老格に引き上げられ、『勧《かん》進帳《じんちょう》』の主人公とまでもなったのは、まったく『義経記』以後の変化であった。

こういう粗末な継ぎ合わせのセメントは、たぶん京都製だろうと思われる。あるいは多くの文学書に例のあるごとく、最初の筆録者の手細工であったかもしれぬ。一人の座頭が一回に語るのは、せいぜい三段か四段かであった。それが大いにはずんで毎晩のようによばれているうちに、おいおいに新しい場面を付加していった形跡は、『平家』などにもよく表われている。『太平記』のごときも始めと終りと、文体も違えば取り扱い方も変わって、一遍にできたものでないことは誰でも認める。それを書物にする際に量をむさぼり、おかしな統一のないものにした例は、『盛衰記』ばかりではない。すなわち語り始めた時の動機がいろいろだから、物語の中心がつぎつぎに移ったので、『義経記』などでも義経を主人公にしたのはかえって前半分のほうに限られ、吉野山では佐藤忠信、鎌倉では静御前、北国落では武蔵坊、高館では鈴木兄弟、十郎権頭兼房というように、シテの役は一貫してはいなかった。

これを要するに現在の『義経記』は、合資会社のごとき持寄世帯《じょたい》で、各部分の作者産地はそれぞれに別であった。京都はとにかく、吉野山中の寺生活などが、とうてい奥州にいては語れなかったと同じく、奥州およびこれに通う道筋の物語は、京都居住者の想像しうる境ではなかった。すなわちこの方面に住んで語りを職とする者の、参与していたことを推定する根拠である。これと同時に吉野山中のでき事が法外に詳しいのも、必ずそれだけの理由があったことで、将来の研究には有用な資料かと思うが、残念ながらまだ確かな手掛りはない。よって差当ってはこれらの関係を引き離して、特に奥州の部分が奥州に産した事情を、今少しく考えてみようと思うのである。

奥浄瑠璃の元の形

私が奥州系かと考える『義経記』の特色は、ことに第七巻の「北国下り」以下によく現われている。その第一は地理の精確ということである。文治二年の二月二日、義経は主従十六人、山伏の姿に身をやつして、まず近江の湖を海津へ渡り、荒乳山《あらちやま》を越えて越前に入り、それから諸処の関と船渡しで苦労をしつつ、越後の直江の津に着くまで、地名の順序などにおかしいと思う所は見出しえなかった。直江は北陸道の中途であるゆえに、それまでは羽黒山伏の熊野に参って下向するといい、それから先は熊野山伏の羽黒に参る者といつわれば、言葉訛りで疑われることはあるまいといっている。それからこの地で一悶着あって後に、船をやとうて乗り出したところが、海上が荒れたので遠く走ることならず、わずかに寺泊《てらどまり》に来て上陸したといって、それからまた順次に沿道の地名をあげている。一、二の今の地図から見出しえぬものはあるが、大体に海辺伝いに、鼠ケ関から出羽に入り、三瀬《さんぜ》を越えて庄内の大宝寺には入っている。単に精細を粧《よそお》うためならば、このようにまでするには及ばなかった。それから最上川を伝うて清川からあい川の津、大体に今の陸羽南線と同じ路を玉造に越えて、平泉へは向かったことになっている。こうした長々しい駅路の情景を語って興味を催しえたのは、もちろんその路筋を利用した人々でなければならぬ。また聞く人がよく知っているゆえに、滅多な事も言えなかったのである。それが同じ題目を語った舞の本*などを見ると早くも受売の大間違いをして、姉羽の松、亀割阪などと、麗々と二度まで路順を顛倒している。実際羽黒の山伏が開いたかどうかは知らず、少なくともこれが足利時代以後の、奥州人の京街道であった。冬分などは東海道を通ったかとも思うが、日本海側の方が遥かに距離も近く、その上に便船しだい、海路を利用することも容易であった。それを十分に実験した者が作者であったとすれば、京に住んでかりそめにこの方面に旅をしたというだけの、因縁ではなかったはずである。

第二の特色は山伏の詳しいことである。弁慶は熊野に生まれたというのみで、もと法師であって修験道には携わらなかったのに、かつて西塔に住んであらまし人の話を聞いたと称してその実は非常な通であった。義経は越前の国府から、用でもないのにわざわざ平泉寺に参詣し、衆徒と応対して危く馬脚を露わそうとしているが、そんな場合にも弁慶の気転によって、言いのがれたことになっている。京の君を羽黒山のちごだと偽ると、花の枝を折って贈ろうとする者があり、または横笛の一曲を所望する者がある。それをも仲に立ってしかるべく弁慶が取なしたことになっている。その他庄内では田川太郎実房の子の瘧病《ぎやくびよう》を祈禱してみたり、また直江の津の笈さがしの場合でも、いささか事を好むに近い点まで、山伏の真似を試みて着々と皆成功している。山伏もしくはこれに接近していた者でなかったら、とうていこれだけの物語を語ることはむつかしく、また筋を運ぶためにはそれまでの必要はないのであった。つまりは奥州辺土の生活に修験道の交渉が多く、誰しも若干の興味をこれに寄せていた時代相を、暗示するものと解してよいのである。いわゆる出羽三山の歴史は今やはなはだしく埋没した。熊野と羽黒との交通は、尋ねてみることも困難である。しかも熊野がこの方面に向かって、かつて盛んに伝道した痕跡は残っているので、古くは名取の姥の夢の歌の話、これに次では各地の熊野神社と、これに因縁ある沢山の鈴木氏は、今なおその名残を留めている。熊野の神人はもと三家、いわゆる宇井・榎本・鈴木の中で、宇井は早く衰え榎本はもう神と別れたが、鈴木の一姓のみは結合の力強く、三河その他の二、三の地方においても著しい繁栄をした。ことに東北においては、久しくその伝統を保持していた。それが『義経記』の成長には、隠れた関係を持っていたらしいのである。

だから第三の特色として、亀井兄弟の武勇が、極度に花やかに描かれてあるのである。亀井六郎の義経に随従したことは、『平家物語』には見えておらぬ。高館落城の時に年わずかに二十三、すなわちずっと晩年の奉公人であった。彼の兄なる鈴木三郎は、衣川合戦の前日に尋ねて来たことになっている。今さら武運の傾いた大将に仕えるにも及ぶまいという忠言をしりぞけて、義のために一命を棄てた、けなげな討死の標本ともいうべきものであった。鎌倉殿より給わった甲州の所領をなげうって、単身で下ってきたといっているが、なお故都なる紀州の藤代に、幼弱の一子を残してきたとあるのは、われわれの注意を要する点である。藤代は和歌山の方に近く、有名な熊野王子の一つであったというのみで、熊野信仰の中心からはだいぶん離れた土地であった。それが特に亀井兄弟の本居となっているのは、あるいは特別の事情があるのではないか。とにかくに今ではいかなる種類の人々の中から、この物語の出たかということは断定しにくくはなったが、少なくとも奥州平泉地方に住んでいた鈴木一族の社会上の地位が高くなるとともに、こういう自分たちの家の誉れとなる物語が、単なる前代のローマンスという以上に、聞いておもしろくまた嬉しいものになったことは察せられる。

それからなお熊野のために気を吐いたという点では、武蔵坊弁慶もまた決して人後に落ちなかった。『義経記』の説に従えば、弁慶の父は熊野別当弁セウ、母は二位大納言師長の女とあって、ともにありそうでしかもない人であった。胎内にあること十八ヶ月、奥歯まではえ揃うて生まれたと称し、すなわち如法の鬼子でもあった。しこうしてそのほとんど半神的なる猛勇にいたっては、すでに三尺の童子といえどもこれを畏敬せざる者はないのであるが、あるいはまた弁慶三兄弟などともいって、鈴木、亀井の同胞なるがごとく考えている者もあったようである。とにかくに今日の語をかりて言うならば、『義経記』後篇は正しく熊野および熊野人のための宣伝であった。

家と物語と

佐藤庄司祖孫三代の忠節ということも、やはり単なる武士道の典型という以上に、これを聞いて感動する人が多かったことが想像される。秀衡《ひでひら》将軍の家も系図では佐藤であるが、信夫の継信忠信兄弟が有名であったために、後には彼らの末裔なることを信じない佐藤家が少なくなった。この一族に取っては『義経記』の一書は、今なおうれしい祖先の記念であって、歴世これによってみずから励み、家の名を重んぜしめた効果は絶大であった。今さら伝統の史実に合致すると否とを問う必要はないのである。いわんや質朴なる昔の人々には、古く語られる物は皆これを信ずることを得たので、しかもそれが作り事でもよいから、ぜひ聞いておきたいという類の話のみであった。物語の古い家々に歓迎せられたゆえんである。ただ残念なことには衣川に籠城したというのは、わずかに十何人かのよそからきたという武士ばかりで、寄手数万人の軍勢には土地の名族もいたであろうが、その武名は説き立てられる機会が乏しかった。したがってたまたま現われて追われ殺される固有名詞も、努めてよい加減の、不名誉を感ずる者がそこいらにはないような苗字ばかりであった。それも半面から聴者の何人であったかを想像させる資料である。

要するに『義経記』の主要な部分が（当時そう呼んでいたか否かは別として）京都に持って出て恥ずかしくない程度にまで、すでに奥州の地において成熟していたのは、ひとり語り手の伎芸と熱心との力のみでなく、久しい間ちょうど頃合の聴衆が地元にあって、何度も何度も所望して語らせているうちに、おいおいに話がこうなったのである。それにはもちろん多くの天才の空想と、多くの怜悧なるボサマたちの暗記とを必要としたのだが、さらにその背景には住民の家を愛しまた祖先を思慕するの情と、熊野の信仰とが潜んでいたのである。歴史の記録中に何の証拠もないばかりか、むしろ彼とは矛盾するような言い伝えが、うそでもなければまた作り話でもなく、時としてはこれに基づいて、正史を増補し新訂せんとするまでの、実力を具えて来たというのには、別にまたそれだけの理由があったわけである。

ところがその理由というものが、多くの伝承文学にあってはこれを発見することが容易でなかった。したがってわれわれはしばしば故人の妄誕の癖を邪推してみたり、または文芸に固有の目的計画あることたとえばソロン・リクルゴスの法典のごとくであったものと考えていたが、幸いにして今ある『義経記』の章句の中には、偶然にまだいろいろのもとの面影が残っている。これによってひとりその起原の東北の田舎であったことを知るのみならず、世を経て物語のおいおいに発芽しかつ成長してきた自然さをいく分なりとも感じ学ぶ手がかりがあるのである。作者がぜひとも一段とえらい人、秀でた才能を持つ人なることを要せず、新年の勅題に向かって何万の献詠あるごとく、歌人、俳人、短篇小説家という者が、ほとんど地方の青年の数だけもあって、彼らは単に有名と無名との差別だけを、真剣になって争っているという現在の日本風も、これで始めて少しばかり説明が付くのである。

二、『清悦物語』まで

生き残った常陸坊

『義経記』成長の事情を窺い知る端緒として、最初にわれわれの心づく特色の一つは、いよいよ泰衡《やすひら》が背き和泉夫婦が忠死をとげて、主従わずかに十三人で、寄手の三万余騎と激戦するほどの大切な日に、あいにくその朝から近きあたりの山寺を拝みに出て籠城の間に合わず、そのまま還ってこなかった者が十一人あったという点である。その十一人の大部分は名が伝わらぬが、ただ一人だけ知れているのは常陸坊海尊《ひたちぼうかいそん》であった。それがその通りの歴史であったとすればぜひもないが、人の口からだんだんに大きくなった物語としては、かような挿話は見たところ別に必要もないので、もし必ずそう語るべきであったとすれば、別に隠れた理由が何かあったはずである。

ところが一方には足利時代の下半期、すなわち『義経記』の京都辺まで盛んに行われていた時代に、これとは独立して別に右の常陸坊海尊が、まだ生きているという風説が諸国にあった。ことに東北では近いころまで、海尊仙人を固く信ずる者があって、今日でもそれはそのはずだという人がないともいわれぬが、実はこの噂が一箇処一口ではないために、かえって始末が悪いのであった。たとえば『本朝故事因縁集』*には、海尊富士に入って岩の上に飴のごとき物あるを見付け、これを食ってから不死になった。近代は信濃の山奥で、その姿を見た者があったとあって、その近代とは江戸の初めである。今から百五、六十年前にも、能登と加賀越後にまた別口の話があった。それよりもさらに有名なのは会津城下の実相寺、第二十三世の桃林契悟《とうりんけいご》禅師《ぜんじ》、その号を残夢《ざんむ》または秋風道人という者はすなわち海尊だということが、すでに林羅山の『神社考』などにも見えている。しかもこの人なりとすれば、非常な長命であったが天正四年の三月に、めでたく大往生をとげているので、それではえらく都合の悪いことには仙台以北の海尊仙人のごときは、その後また五十年もしてからようやく出現しているのである。つまりは互いに相手を贋物としなければ、成立たぬ話ばかりであった。

もっともこの残夢和尚などは、必ずしもみずからそう名乗ったのではなかった。ただ第一には年齢を言わぬ。第二には源平合戦の顚末を、あまりに詳しく知っている。第三には人が貴僧は常陸坊であろうと言う時に、微々として笑うのみでそうでないとは決して答えなかった。すなわち何か世間の方にもそう評判するだけの根拠があったのだが、単にそれだけの事ですむならばわれわれにもできる。一般には足利時代は、現世福徳の盛んに欲求せられた時代で、鞍馬、西ノ宮等の福神化とともに、その長命談もまた多く行われた。私が次に説こうと思う若狭の八百比丘尼《はっぴゃくびくに》もその一つなれば、また車僧七百歳というのも有名であった。そうして彼等は皆単に一人で静かに仙人になっていたのみでなく、ややこれを世人に見せびらかす形があったのである。

会津実相寺の残夢和尚の所へは、石城の方から無無という老人がおりおり来た。逢うといつでも源平合戦の話ばかりしていたという。曾我の敵討の朝別れたままだったなどと、話していたとさえ伝えられる。

無し無しといふはいつはり来て見れば有ればこそあれ元の姿で
無し無しといふもことわり我姿あるこそ無きのはじめ也けり

こんなおかしな禅問答の歌までが、よくは解らぬために疑いの種に算《かぞ》えられたらしい。また福仙という鏡磨きが時々このお寺の近くにきた。それを見て和尚がある時、あいつは義経公の旗持ちであったといった。それを聞いて福仙も負けぬ気になり、和尚さまこそ常陸坊海尊なのだといったとかで、すっかり土地の人が信じてしまうことになったのである。近くはまた天明年中にも、上州伊香保の木樵で下駄灸というまじないをしていた親爺が、やはり義経の旗指しであって、海尊からこの名灸の伝授を受けたために、長命しているように評判された。いずれも本人はたいてい白状せず、世間がだんだんにそうしてしまうのには、何かいわくのあったことらしいのである。つまりは早くから常陸坊は高館で死なず、そうしてまだ生きているという風説がなかったら、とうていつぎつぎにこんなでき事も起こらず、一方にはまたいつまでもこの種のでき事が続くために、どうでもこの人を生かしておかぬと、昔話が成立たぬから困るというような事情が、古い昔からつい近年まで、どこかの隅に隠れてあったのではないかと思われるのである。

清悦出現のこと

私がことに話をしてみたいと思う『清悦物語』なども、疑いもなくこうした社会相の間から、すこぶる自然に発生したもののようである。清悦の物語は『南部叢書』の一冊として遠からず出版するそうだが、今日はまだ写本時代で、これはまた不思議なほど異本が多い。見た人は多かろうが印象は一様でないわけである。その異同をざっと考えてみるならば、いく分か奥浄瑠璃の「衣川合戦談」、すなわちいわゆる奥州本の『義経記』、及びそれから発達したかと思う『義経記』流布本、ないしは能や幸若《こうわか》の種々の物語との、互いの関係が窺れるだろうと思う。

現在ある『清悦物語』の写本は、ほとんど持主ごとにという程の相違はあるが、要するに至極簡単なもので、義経の家来のある一人の、生き残って長命したという者の直話である。元和二年といえば高館落城の時から四百三十年近くも後のことだが、小野太左衛門という柴田郡の武士が、平泉付近の山に遊んで、不思議な老人に行逢った。源平合戦の事を詳しく知ること、まるで見ていた人のようであった。いろいろと尋ねてみると、それが果して義経旧臣の一人であった。落城の際には常陸坊海尊とただ二人、随分よく働いたが誰も殺してくれないので、とうとう生き残ったと称していた。話が始めから『義経記』とは少しちがうのである。

そうしてその後の四百何年間、生きていた理由もまた別であった。前年秋の一日、二人の同僚とともに衣川の上流に出て釣をしていると、かわった山伏が出てきて、立ち寄って夕飯を食えとすすめる。行ってみると立派な住居であった。皮もない魚のその色朱のごとくなるを料理して食わせた。名を問えばニンカンと答えたといい、一説にはまた感人羹《かんにんかん》とも伝えている。すなわち俗間説くところの人魚のことらしく、これを食したお蔭にこの通り長命であったので、格別この人の修養の力でもなかったのだが、小野は深くもこれを尊敬して、ついて兵法を学ぶこと六箇年、その時は内々藩主貞山公にも勧めて、一度は御対面なされたといっている。赤漆の小箱一つ、かつて肌身離さなかったのを、殿さまだけにはお目にかけた。その中には紛れもない九郎判官直筆の証文、また『吉野記』と題する一巻の記録があったなどと書いてあるのはおもしろいが、他には見た人もなかったようである。

不思議なことには右の老人は、ただ義経の家来というのみで、ありし世の本名は語らず、清悦という盲人のような名を用いていた。人が『義経記』を読むのを聞くと、そんな事はない、それは間違いだといって、ぽつぽつと話したのがこの本だとあって、いかにも小野太左衛門自身の筆記であるかのように見える。併《しか》し実際は決してそうでなかった。

近ごろ『仙台叢書』の一部として覆刻した『東藩野乗』という旧記には、漢文の清悦翁伝がある。これによれば『清悦物語』の始めて本の形になったのは寛文八年、すなわち小野氏が平泉の山でこの人に逢ってから、五十一年の後である。もうその時分には双方ともこの世にいなかったことは確かである。小野はもとより人魚は食わず、清悦自身もまた寛永七年に一度はとにかく死んだことが、現にその物語の中に書いてあるからである。しからば聞いてからこの本を書くまでの間に、また何度ともなき語り伝えがあったことは明白で、あるいは座頭のごとき専門家もこれに参与していたのかもしれぬ。またそう思っても差支ない箇条がいくらでも見出されるのである。

『鬼三太残齢記』

清悦の物語というものは異本が多いのみならず、その異同が信州の甲賀三郎のように、字句の端々だけに止まってはいない。時として重大なる内容、または標題さえも変わっていることがある。最近私の見た東北大学の図書館にある一本のごときは、書名を『鬼《き》三太《さんた》残齢記《ざんれいき》』と称し、序文に歳は重光大康落にある臘月《ろうげつ》十日とあって、仙台の城下で人の話を筆記したといっている。すなわち辛巳《かのとみ》の年のことで、多分は元禄十四年、浅野内《あさのたく》匠頭《みのかみ》が腹を切った時分の事である。これも明らかに清悦の話とあり、また人魚を食って長命したことも述べられ、衣川合戦の前の日に天地晦冥《かいめい》にして人の顔黄に見え、北上川逆流して大蛇が現出したなどという点まで一つであるのに、談話の骨子ともいうべき部分が、他の『清悦物語』とは異なっている。最も顕著なる例を列挙すれば、第一には『鬼三太記』の方では義経が死んでいない。他の一方では首になって鎌倉に送られ、含み状によって、頼朝の誤解は釈《と》け、讒言《ざんげん》をした梶原が刑罰に処せられているに反して、これでは中尊寺の三位房法印とかに諫められ、弁慶ばかりを見殺しにして山越しに落ちたと書いてある。杉目行信という容貌最もよく義経と似た者がすでに北国の道中から身代りに立ちここでも義経と名乗って死んだのだといっている。次にはこちらでは清悦はみずからどうどうと鬼三太の旧称を名乗っている。彼は『義経記』においては合戦の最初に、首の骨を射られて一矢で死んだとあり、堀河夜討の際のごとき花々しい働きはなかったのを、この本では大変な猛者《もさ》にしてしまった。全体御厩の喜三太のごときは、近世の鬼一法眼の芝居などでこそ随分の儲け役であるが、実は『義経記』特製の人物に過ぎなかった。それが鬼三太と書いてくれなくては困るの、雑色《ぞうしき》というものには二種あって自分はその上等の分だのと、余計な弁明をしているのは仙人らしくない。それから『清悦物語』の方では常陸坊と二人、どうしても死ねなかったと手軽に書いてあるのを、『残齢記』の方では彼奴《きやつ》はけしからぬ男だ。命を惜しむのみか主君大切の際に、お手元金を持って立ち退いたといっている。それから亀井六郎が無茶者で困った話もあり、さらに面白いのは会津にいた福仙という鏡研ぎがあるいは喜三太のなれの果という説もあったのを、ひどく気にして取消していることである。また伊達政宗が見たという赤い箱の中には、鬼一法眼秘伝の一巻があって献上したようにも書いてある。会津方面には鬼一法眼の娘、皆鶴姫《みなつるひめ》の遺跡というもののあるのを妙だと思っていたが、やはりこの福仙と関係して、古くから話があったらしいことを、かえってこんな事から心付いたような次第である。

これ以外にも北国下りの路筋がちがっている。途中で継信兄弟の家に立ち寄るには、会津を通過した方が地理に合うと思ったらしい。この通り何から何までも大ちがいで、理強いて普通の『清悦物語』と共通の点を求むれば、弁慶が腕力ばかりで智慮乏しく、理窟を言っては泰衡兄弟の感情を害し、これには義経も困り抜いて、始終小言ばかりいっていたなどというような、おかしくもない点ばかりだ。ことに鬼三太の方は弁慶亀井を悪く言い、しまいには弁慶は坊主でない。髻を切って髪を短くしていたので、山伏のように見えたのだ。立往生というのも実は溺死で、衣川の岸近い岩と岩との間に挟まって、倒れなかったばかりだなどと、自分は生き延びて逃げた癖に、人にけちを付けるようなことばかり言っている。要するに始めから終わりまで、かりにも史書の闕《けつ》を補うというがごとき態度ではなかったので、もしこんな話が後代に及んで珍重されたとするならば、それはもう『義経記』も耳に蛸《たこ》で、何か新しくかつ笑うようなものを求めていた人心に投じたもの、いわば三馬の『忠臣蔵偏痴奇論』*などと同じく、いわゆるオカシ文学の不完全なる発育に過ぎなかったと見てよいのである。

『義経勲功記』

ところがここにまた一つの不思議がある。前に申す『鬼三太残齢記』は常陸坊海尊を悪党のごとくののしっており、普通の『清悦物語』も私の見た本だけは、少なくも話者清悦は常陸坊にあらず、「聞けば常陸坊もまた長命をして、仙北の方に住んでいるそうな」と、よその噂にして語っているにもかかわらず、一方には仙台以北、平泉地方の一帯にわたって、今なお清悦とは海尊さまの事と、思っている人が多いのである。現に『清悦物語』が本になったという時から、また十何年もしてから後に、宮城郡岩切の青麻権現の岩窟に現われて、神職鈴木氏の先祖鈴木所兵衛と対談をしたという一の異人などは、われは常陸坊海尊である、今は名を清悦と改めていると、明らかにみずから名乗ったと伝えられる。この所兵衛などは、正直朴訥《ぼくとつ》の善人であったが、やはり信心深い盲人であり、しかも信心の力によって目が見えるようになったために、恐らくはそれから最も熱心に、海尊仙人の奇蹟を人に説いたかと思う。今でも右岩窟は深く付近の住民から崇敬せられ、その神の清悦にしてまた海尊なることを信ずる者は多いのである。ただし常陸坊という故に、これを常陸の阿波の大杉大明神と同体なりと説く者もあるらしい。

しかも海尊の常陸にいたということは早くよりこれを伝え、たとえば天海大僧正のごときも、若いころにかの地方にあって、残夢和尚の海尊に逢い、長生の秘訣を学んだようにいっていたのである。

そうかと思うとまた同じ元禄の前後に、仙台領では角田と白石との間を往来して、村々の旧家に書いた物などを残した白石翁という異人があった。この実名を語らず年を言わず、それでいて非常な長命であったらしく、誰を捉えても倅といった。角田の長泉寺の天鑑和尚などは、元禄三年に百七歳で死んだが、白石翁はこの和尚をもなおせがれと呼んだ。やはり源平合戦の話がたいそう詳しく、おりおり人の家でその話をしたので、あるいは清悦かとの世評もあった。この翁は元禄六年の二月十八日、白石在の安子島《あこじま》氏の宅で、めでたく往生をとげたにもかかわらず、十何年後になって京都に行ったある商人が、確かに京のある所で見かけたという話もあった。

清悦がとくに死んだことは、『清悦物語』の中に正しく記してあるにもかかわらず、なお右の通りにいつまでもどこかにおった。この種の仙人になると、どうも死んだと生きているとの境がはなはだはっきりとしない。会津実相寺の残夢和尚のごときも、辞世を示して立派に成仏し、寺では葬式もすませたのに、二十年ほど後に不思議なことがあるので墓を開いて見ると、空棺であったと伝えられる。あるいはまた会津の人が駿河の三保松原でこの和尚に逢った、相変わらず源平時代の話をしていたなどともいっている。

つまりは早くから、多くの人が言うことが一致してはいなかったのである。

ゆえにその一例として見れば、驚くに当たらぬようなものだが、正徳二年に始めて世に出た『義経勲功記』は、やはりその残夢の話だと称しているのである。余程のうそつきらしいが編者馬場信意なる者、この書に序していわく、「友人安達東伯久しく奥州に在り、一日老翁の来り訪ふ者あり、字里行蔵を言はず、里人も亦知るなし、相馴るゝこと久しくして終に海尊なることを知れり云々」とあって、この書をもって東伯の筆記だというのである。この海尊は後に名を清庵主と改め、今また残夢というとあって、会津からでも出てきたかのごとく粧《よそお》うているが、しかも長命の原因はまた衣川の人魚の肉であり、その時の釣仲間は武蔵坊、帰りてその一片を源公に献じ公もまたこれを食す。皆ともに死せざることを得たりというのである。しかるに近世のいわゆる義経弁慶入韃説には、実はこの『勲功記』を根拠とする者も少なからず、人魚の肉がうそだとすれば、根本から覆えるような話ばかりだ。いかにも心もとない次第である。

人魚の肉

自分たちは今ごろジンギスカンの義経であるかないかを、穿鑿《せんさく》するだけの閑暇は持っていない。この際考えてみようと思うのは、もちろん海尊長寿譚の真偽ではないので、全体どうしたわけでこのようなおかしな話が保存せられ、また際限もなく成長して行ったかである。そうしてまずほぼ決定してみたい問題は、長命の原因と認められたいろいろの風説の出所である。

『本朝故事因縁集』の石上の飴のごとき物は、他には類例も聞かぬようである。会津の残夢和尚は盛んにクコの葉を食っただけだったと、天海僧正などは人に語ったそうだが、これは真似やすいので試みた者もあったが、話ほどの効能はなかったらしい。ところが『清悦物語』以下の書においては、人羹《にんかん》または仁羹と名づくる朱の色をした魚の肉と称して、ほとほと凡人をして断念せしむるに足るような、珍しい遭遇を説いているのである。それがもし清悦ないしは小野太左衛門氏の独自の空想になったとすれば、事の奇はやや一段を加えるのであるが、いかんせんこれにはあまりに顕著なる先型が存するのであった。

前に申した若狭の八百比丘尼の物語は、正しく系統を同じゅうする言い伝えであった。足利氏の中期に、若狭に八百比丘尼という長生の婦人ありしことは、すでに馬琴の『八犬伝』によってこれを知った人が多いが、少なくとも当時その風評は高く、ある時は京洛の地に入って衆人に帰依せられたことは、文安六年五月から六月までの、『臥雲日件《がうんにっけん》録《ろく》』や『康富記《やすとみき》』、もしくは『唐橋綱光卿記《からはしつなみつきょうき》』など、多くの日記の一致するを見れば疑うところはないのである。ただしいかにしてそのような長寿を得たかは、これらの記録には何も見えず、林道春が父から聞いたといって、『本朝神社考』に書いたのが一番に古いが、これとても『清悦物語』の出現よりは前であった。すなわち昔この比丘尼の父、山中にして異人に逢い、招かれて隠れ里にいたる。人魚の肉を饗せられてあえて食わず、これを袖にして帰りきたるを、その女食いて長寿なりといっているのがそれである。

同じ話はまた『若狭郡県志』、『向若録』などにも出ている。この方では父は小松原という村の人で、海に釣をして異魚を獲たのを、娘だけが食べたということになっている。美しい女性のいつまでも若いのを、「人魚でも食ったのか」という習いは、今でも諺のようになって残っている。基づくところかくのごとく久しいのである。ただし数多い諸例の中で、釣をして手に入れたというのはほとんどこればかりで、他はいずれも衣川と同じく、特に饗応してくれる人があったのであった。しかるを本人は怪しんであえて食わず、かえって無邪気なる小娘が、その恩恵をもっぱらにしたということは、話の早くからの要件であったと見えて、現に『清悦物語』でも同行者の一人がこれを持ち帰り、その女のこれを食うた者がつい近ごろまで存命であったと、不必要に問わず語りを添えているのである。『塩松勝譜《えんしょうしょうふ》』には常陸坊海尊、衣川にて老人に逢い赤魚をもらって食った。その婢女もまたこれを分ち食したとあるのは同じ話である。

桃井《ももい》塘雨《とうう》の『笈埃随筆《きゅうあいずいひつ》』には、今浜洲崎という地に異人来り住み、一日土地の者を招いて馳走をした。人の頭をした魚を料理するのを隙見して、怖れて食う者もなかったが、ただ一人これを懐にして帰り、その妻知らずしてこれを食ったという話を載せている。

これは疑いもなく寛永二年の隠岐島紀行、『沖のすさび』のまる写しであって、彼には伯耆《ほうき》弓浜の洲崎の話となっているのを、今浜洲崎と改めて若狭まで持ってきただけである。味は甘露のごとく食し終わって身とろけ死して夢のごとく、覚めて後目は遠きに精しく耳は密に聞き、胸中は明鏡のごとく顔色ことに麗わしとあって、ついに生き残ってしまったのである。七世の孫もまた老いたり、かの妻ひとり海仙となりて山水に遊行し諸国を巡歴して若狭にいたり、後に雲に乗りて隠岐の方に去れりとも記し、すなわちこの島焼火山その他の所々の追跡を説明しているのである。人の妻とある例はこれがただ一つであるが、海仙となって諸国に遊んだというのが、何か海尊仙人の口碑と因縁あるべく思われる。ただしこの話は九州を除くの外、ほとんど日本の全国に分布し、しかもたいていは同じ由来談を、若干の差異をもって説いているので、すなわち平泉の清悦の奇怪談が、必ずしも一人や二人の与太話《よたばなし》でなかったことだけは、もう十分に証明せられるのである。

八百比丘尼の事

しからば人魚の効能と『義経記』との関係やいかん。それを考えるにはなお少しく類似の例を列挙してみなければならぬ。若狭の方面には『沖のすさび』のほぼ同じころに、貝原益軒《かいばらえきけん》の『西北紀行』があって、忠実に土地の所伝を録している。小浜の熊野山の神明社に、そのころはすでに比丘尼の木像と称するものがあり、しかもその由来記はまた別箇の趣を具えていた。昔この地方に六人の長者、おりおり集まって宝競べの会を催していたが、その一人人魚を調味して出したのを、五人の客疑って食わなかった。それから家に持ち帰って少女が食ったという段は、すべて他の例と一つである。

佐渡では羽茂《はもち》の大石という村でも、八百比丘尼この地に生まると説いている。やはり異人饗応の話があり、人魚の肉によって千年の寿を得たのだが、その二百歳をさいて国主に譲り、女自身は八百歳に達した時、若狭に渡って死んだと伝えている。『播磨鑑』では私などの郷里神崎郡比延村に、この比丘尼は生まれたと主張する。これも八百になって比延川に身を投げたともいえばあるいは今一度人魚を捕りに、明石の浦へ出かけたまま帰ってこぬなどともいうのである。土佐国でも同じ人の海に入った話、その他いろいろの遺跡はあるのだが、人魚に関係せぬものはすべて省略する。『西郊余翰《さいこうよかん》』巻二に、土佐高岡郡多野郷の賀茂神社にある八百比丘尼の石塔の事を記しているが、白鳳《はくほう》十二年という大昔、この海辺に千軒の民家があった時代という。七人の漁翁が人魚を捕って刑に処せられた。七本木というのがその古跡である。村に一人の医者があって、ひそかに一切れの肉を貰い受けて、自分の娘に食わせると、すなわち後の八百比丘尼になった。三百年を経て一度帰り、この石塔を建てたともいい、あるいは死んだ後に若狭から届いてきたともいうが、人魚を食ったという証拠にはならぬのである。

関東諸国ことに東京の周囲にも、この比丘尼の栽《う》えておいたという老木が多く、下野にも上総にもいろいろの遺跡はあるが、人魚の話はまだ聞いていない。しかも海もない美濃などにも、やはり麻木長者の娘が麻木の箸に付いた飯を、苧《お》ケ《が》瀬《せ》池《いけ》の魚に施した陰徳で、八百比丘尼となって若狭に往って死んだというのが同じだったらしく、さらにさかのぼって飛騨の益田郡、馬瀬の中切の次郎兵衛酒屋の話などは、山国らしい昔話に変化して今も語られる。この酒屋へおりおり一人の小僧が小さなヒョウタンを持って一斗の酒を買いに来る。疑わずに量って与えると、いくらでもそのヒョウタンへ入るのだ。試みに小僧の跡をつけて行けば、村の湯ノ淵という所までやってきて振返り、わしは竜宮の乙姫さまのお使だ。おぬしもござれと引っ張って行き、わずか三日の間款待を受けたと思ったらもうこの世では三年の年の終わりであった。帰る際に竜宮の宝でキキミミという箱を下される。耳をこれに付けていると、人間にはわからぬどんな事でも聞かれる。家に娘があってそれを不思議に思い、誰も知らぬ間にそっと開いてみると、箱の中には人魚の肉が入っていて、いかにもうまそうな香気がする。ついにその古い肉を食ってしまうと、そのお蔭で娘は八百比丘尼になった。村の氏神の雌雄杉の根もとへ、黄金の綱をこしらえて深く埋め、いよいよという場合には出して使えといって、自分は仙人になっていずれへか出て往ったというのである。ちょうど刊本の『義経記』が編纂ものなるごとく、これも地方に流れている三つ五つの物語を、端切り中をつんで冬の夜話の用に供したものらしい。

まだいくつかの例が残っているのである。『丹州三家物語』に録するところは、ほとんど『神社考』と大差なくただ比丘尼の生地を若狭鶴崎としたのみだが、丹後には別に竹野郡乗原という部落に、旧家大久保氏の家伝というもののあることを、近ごろの『竹野郡誌』には詳述している。ある時この村へ一人の修験者が来ておって、庚申講《こうしんこう》に人々を招いた。それから先は例のごとくだが、この家の娘は比丘尼ながら、樹を栽え石を敷きいろいろと土地のためになっている。紀州那賀郡丸栖村《まるすむら》の高橋氏でも、庚申講の亭主をしていると、見なれぬ美人がきて所望をして仲間に入った。その次の庚申の日には私の家へきて下さいと招かれたが、その晩土産といって紙に包んでくれたのが、例の人魚の一臠《きれ》であった。帰って帯を解くときふと取落とすと、その折二、三歳の家の小娘が拾ってのみ込んでしまった云々と伝え、今もその家の子孫という某は住んでいるが、この事あって以来いつも庚申の晩には、算《かぞ》えてみると人が一人ずつ多くいるというので、とうとう庚申講は営まぬことになった。ここでもどういうわけか八百比丘尼は、末に貴志川へ身を投げて果てたと伝えている。越後の寺泊に近い野積浦の高津家にも、やはり人魚を食った八百比丘尼はこの家から出たといい、今も手植えの老松が残っている。同じく庚申講の夜山の神さまに招かれて、そんな物をもらって帰ったというのである。最後にもう一つは会津の金川寺という村でも、比丘尼はこの村の昔の住人、秦勝道の子だったという口碑がある。勝道はまた庚申講の熱心な勧進者であったが、村の流れの駒形岩の淵の畔《ほとり》において、やはり竜神の饗応を受け、その食物を食べたという点は、丹後紀伊などと似ていた。ただしこれだけは人魚でなくて九穴の貝というものであった。

捜したらまだ何ほども例は出てくるのだろう。私が知っただけでは娘が取って食ったというのが、天平泉を加えて十件あり、食物はそのただ一つのみが九穴の貝であり、さらに庚申講の晩というのが、互いに離れた土地に四つまでもある。天平以前に庚申祭などがあったかと、野暮な疑問を抱くことを止めよ。庚申は要するに夜話の晩であった。終夜寝ないで話をするために、村の人の集まる晩なのである。すなわち人魚を食ったという長命の女の奇蹟を、発揮し宣伝するには最も適したのが、庚申講の夜であったのである。その話をさも事新しく、なるべく知った人の多くおらぬような土地へ、こうして持ってこようという考えの者が、昔もあったことだけは想像せられる。

九穴の貝

八百比丘尼とはいわぬが、同種の話は別にまた九州にもあった。筑後柳川付近の本吉の三軒家唐人竹本翁の子孫と称する家でも、かつてこの家の娘が牡丹《ぼたん》長者の乳母であって、やはり不思議な食物から長命を得たと伝えられている。牡丹長者は肥後の桑原長者と、山を隔てて宝競べをしていた。ある時万年貝と名づくる稀有なる螺の貝を送ってきたのを、誰も食おうとはせぬゆえにこの乳母がもらって食い、それから無限の長生きをしたという。いたって貞淑な婦人であったが、何しろ死なぬのみか若くて美しいゆえに、夫を換えること二十四人におよんだのである。いつまでもいつまでも固有名詞のみを入れ換えつつ、日本人はこんな話ばかりをしていたものと見えた。どうしてまたそれがそう大なる興味をもって、短命な凡俗からもてはやされていたものか、自分にも実は久しく不明であったが、こういう風に考えて行くうちに、幽かながらも原因がわかって来たような気がする。

なるべく手短にもう一つだけ、近い例をあげるならば、今から百三十年ほど前の寛政九年に、筑前蘆屋浦の伝次という者が、領主の命によって、家に伝うる寿命貝というものの由来を詳しく申し立てたことがある。沖縄あたりで千年貝、また色の佳いのを万年貝といい、南方の海ではおりおり取れる大きな貝があるが、多分あれのことだったかと思う。土地の名木神功《じんぐう》皇后の船留《ふなどめ》松の根に、埋めてあったのを掘り出した。これに水を盛って飲ませると、疫病その他を治するの効があるといった。どうしてまたそんなものが出てきたかについては、それからさらに十五、六年前に書いた、『庄浦仙女物語』というものが要領をつくし、その書は早くから江戸の随筆家の中に大評判であった。某年この付近の船頭に、奥州津軽のある海岸に船がかりをしていた者が、上陸して村の奥の山へ遊びに行った。三十ばかりの美しい女が一人出て来て、国はどこかと聞いて非常に懐かしがり、私の故郷も筑前だといって、いろいろな事を尋ねるが話がどうも合わぬ。実はもう私は六百四十歳ばかりになる。若い時分に病気をしていると、子供たちが案じて珍しい貝を捕ってきて食わせてくれたら、だんだん若くなるばかりで死ななくなってしまった。子にも孫にもおくれたゆえに、ぜひなく国を出てきて、それから亭主も二十何人とか持ちかえたが、自分ばかりはまだこうしている。貝の殻だけはあまりに奇妙なので、こうこうした松の下に埋めて置いた。尋ねてみてくれと伝言したので、そこで右の伝次がこれを発見することにはなったのである。

この話はもちろん確実性に乏しい。少なくとも中途で誰かが若干はうそをもっていている。しかも私などの注意するのは、九州の船頭の帰ってきての話に、この女が壇の浦の合戦前後の事を、よく知っているのに驚いたと話したという点である。でも稚《いわけ》ない天子さまが、筑前山鹿とかにご滞在の際のことで、毎度この女は魚を売りに行って、陣屋々々の様子を見ていたと語ったそうである。

全体人が長命をすれば経験の多いのは知れたことだが、何でまたこういう仙女までが、ぜひとも源平の合戦を談じなければ止まなかったか。それから後のいろいろの大事件は棄てっぽかして、あのころばかりをそうは喋々するのであるか。つまりは世間の人たちも、比較的『平家物語』や『義経記』に親しかったためでもあろうが、若狭の八百比丘尼などもやはり源平の盛衰はまのあたりといい、義経弁慶の一行が修験者の姿をして、北国街道を下って行くのに、ちょうど行逢って覚えていると語ったそうだ。八百比丘尼の年から勘定すると、およそ五百三十いく歳の時のことだが、この事一つばかりを記憶して、その他の大事件に疎かったらしいのは、常陸坊海尊の場合よりも、さらに一段の不可思議であった。あるいはもと年を取っているから知っていたのではなくて、あまりよく知っているから長寿者でなければならぬと、人も自分も感ずるようになったのではあるまいか。

おとら狐と玄蕃丞

これと必ず何かの関係があろうかと思う話は、三河の長篠の古城址を中心として、あの付近一帯の田舎にはなはだ悪い狐がいる。その名をおとら狐と称し、またおとらと名乗ってもよい理由のあったことは、かつて『おとら狐の話』と題する小著をもって、これを研究してみたことがある。非常な古狐で、その証拠にはおとらが人につくと、その人は必ず長篠の合戦の光景を見ていたように話する。それでたちまち彼なることが知れるのであった。また長篠だけならまだよいが、ずっと離れた川中島の合戦まで話して聴かせる。しかもこの合戦談の大部分は、どうも『甲陽軍鑑』のでたらめであって、実はなかった事らしいというような説もあるのである。それにおとら狐は川中島にいたとき、うっかりとして流れ弾に当たり、片目と片足とに怪我をしたといって、今もってこれに悩んでいるらしく、彼に憑かれた者は一方の目から眼脂《めやに》を出し、また必ず片足を引きずること、あたかも長篠よりやや南方の牛久保という町を郷里とする、山本勘介と同じであった。それにも何か隠れたる因縁のあるらしいことは、早くから考えているが、自分はまだ十分には合点しえないのである。

また信州の松本付近では、桔梗ヶ原を本拠として玄蕃丞という狐がいた。初めて鉄道がこの平野に通じたころ、汽車にひかれて死んだともいえば、あるいは今でもまだ生きておるともいう。この狐も武田合戦の始末をよく知っていたのみならず、すこぶるこれを人に語りたがったような形がある。珍しいことには一年に一度とか、たとえば若狭などの異人同様に、廻状をまわして近村の住民を招いてこの話をして聞かせた。急造りの立派な家の中で、この時ばかりは本物のご馳走を、どこからか持ってきて食わせたということである。ただしこちらはもう誰でも笑って聞くような昔話と化し去ったが、三河のおとらにいたっては今なお現実であって、待っていたならば恐らくこれから後も例が出てこよう。こういう不思議な資料は、過去の記録になってしまわぬうちに、よく調べて説明を求むべきである。人間界のしかも常人の間のでき事に、意味不明というものがあってよいものではない。

そこで立ち戻って流布本の『義経記』に、常陸坊以下十一人までの家来が、朝から寺参りなどをしていて、おめおめと生き残ったという一条を考えてみる。全体そんなつまらぬ事を、誰が知っていて人に話したのか。本人どもが白状したとすればいかなる機会にいかなる問いに答えて、何人に語ったとすべきであろうか。それよりさらに大なる不審は、高館城内の悲壮を極めた光景十郎権頭が最期の忠節のごときは、果してこれを目撃して末代に語り伝えた者が、人類の中にありえたであろうか。

しかも海尊はただ長命をしていたばかりに、永くこの地方においては歴史家の権威を失わなかったのである。『気仙風土草』の記するところによれば、この郡唐丹村《とうにむら》の荒涼の海に近く、亀井墓と称する古墳があった。どうしてそんな事がわかったかというと、江戸時代の初めころに、常陸坊海尊が松前からの帰途に、この村を通ったことがある。そのおり出会した土地の山伏成就院なる者に向かって、これが亀井六郎の墓だと教えてくれたによって信ずるので、彼はおうおうにしてこのごとく信任を濫用している。

そうかと思うと加州の金沢などでは、亀井六郎と常陸坊と二人、仲よく今も暮らしているという者が、現に百五十六年前まであった。号を残月という道心坊があって、小松原宗雪と称する浪人と、寒山拾得のごとき生活を続けていた。もとはこの城下の浅野川が、東西に流れていたものだなどというので、さてはと土地の人々も耳をそばだてた。二人に源平時代の話をさせようとする者は、わざと知らぬ顔をしてその前で『義経記』を朗読する。そうするとたちまち釣込まれてそれは大ちがいなどといって、思わず本当の話をしたという。多分は残夢や清悦のごとく、いや義経公はあまり風采の揚がらぬ反《そっ》歯《ば》の小男であったことの、弁慶は三十七、八の色の白い好男子であったのと、もう何人でも反証しえないような、新事実ばかり説いていたことであろう。どちらが釣込まれたか、知れたものではないのである。

それになおよく気を付けてみると、いつでも三河万歳の才蔵などのごとく、脇にいて相の手を入れ、餅ならばこね取りをする役が一人あった。加賀の残月の小松原宗雪、会津の残夢の無無老人と福仙、平泉の清悦の小野太左衛門におけるごとく、少しは傍から注解し敷衍《ふえん》する者がおらぬと、話が人の胸を打つまでには、はずんで来ぬものであったらしい。それが民族初期の文学の進んで出た経路であり、同時にまた現代の都府文芸が、親近なる批評家に取巻かるるにいたった遠因でもあったろう。陸中黒石の正法寺などでは、毎度和尚の所へ話しに来る常陸カイドウを、あれはもと義経公の家来だと、告げ口をしたのが境内の石地蔵であった。そこで見顕わされて帰って行くときに、変にこの地蔵が煙たいような顔をしたので、さてはこやつがしゃべったのかといきなり地蔵の鼻を捻ったといって、今でも鼻曲がり地蔵さまがある。まずこれほどにしてまでもわれわれの昔話は、ぜひとも長命な人の口から、直接に聞かねばならぬ必要があった。誰がどういう方式で話をしてくれようとも、内容次第でその真価を判別し、あとは各自の想像力で調味するというごとき、今風の聴手は少なかったのである。

語り部の零落

まだこれだけでは十分な証明でないかもしれぬが、私の今持っている仮定は、そう込みいったものでもない。つまりは偶然に判ってきた『清悦物語』の成立ちに基づいて、さらに『義経記』そのものの起原までが、推量しえられるかと思うのである。『義経記』の近世の語りようは、他の多くの歴史談も同様に、いわゆる「げな話」「だそうな話」の体裁になってはいるが、本来はやはり『清悦物語』のごとく、当時見ていたと称する人の直話体ではなかったかというのである。

文字を知り記録を愛する者が書いたものといえば一応はことごとくありがたがったように、記録と縁のない人々には語り事を信ずる必要があった。ただし昔の人々の事実認定には、噂と実験との明らかなる差別があって、現に私が知っているという類の言葉でないと、これを信ずることができなかったものかと思う。数百年の歳月を隔ててから、そんな人を求めることは不可能のように見えるが、前代人にはそれは無理なる注文でもなく、またありうべからざる条件でもなかった。すなわち人には死後の霊がある。優れたる霊魂は生きた人について、その人の口を借りて何でも言うことができた。託宣は決して予言ばかりではなかった。人の現在の疑問を解くためには、今日と同じように過ぎ去った理由を述べなければならぬ。しかも人間の知識欲は、まず最初には霧立つ野辺のごとき、茫洋たる前の代に向かおうとするのが自然である。現実の畏怖憂苦があり、不安がある場合はなおさらのことであった。

神話が単なる記述というよりも、しばしば説明に傾いていたのはこの理由からである。神話が神語として久しく尊重せられたのも、根本には人の生活上の要求が横たわっていたからで、また親しく実情を知った霊の言なるがゆえに、何ほど荒唐であろうともこれを信ずることができたのである。したがってそれが常人の仲介をへ、もしくは記録の文字をもってのみ人に伝えられるようになれば、その最も重要なる特質は消滅し、さらに第二次の鑑賞に入らなければならぬはもちろんである。稗田阿礼が天朝の命を拝して、歴代の旧辞を語ったのは、果して二者いずれの部に属すべきものかは決しがたいが、少なくとも彼女の家は巫女の家であった。かつては必ず神に代わって、と言わんよりもむしろ神々に身と口とを貸して、人に歴史を語り伝えるのが、この家の職掌であったのである。単なる暗記の力のみのごとく、これを想像するのは誤っている。

しかもこの様式は神話がすでに信ぜられず、すこぶる文芸的の興味をもって世に迎えらるるにいたるまでなお変更せられなかった例も多いのである。たとえば金田一京助君が採訪せられたアイヌの聖典、すなわち特権ある旧家のみが保持していたいわゆる神伝大伝の類にとどまらず、ある純良なるアイヌメノコがみずから和訳した動物説話のごときも、ことごとく皆第一人称の自伝であった。すなわち人がその物語を歌うのはその神その霊が一々彼について、その口を借りてみずから説くのであった。現に目前にあって語る者が、凡庸なるわが仲間の一人に過ぎぬことを知りつつも、別に背後に隠れて彼をして言わしむる力あるを信ずるゆえに、興味と感動とは常に新たであり、あるいは信仰の変化した後にいたるまで、なおその様式に対する愛慕の情を断つことを得ないのであった。

わが民族の初期の文学においても、心ある人は今もその若干の痕跡を見出すことができる。さらに一歩を進めて、文字の拘束を受けなかった地方もしくは階級を求めて見たならば、当初の物語の現在なお固く信ぜられている部分、すなわち史伝と名づけていかなる反対の証拠あるも、これを一蹴し去ることを辞せざるような村々家々の由来記にも、やはり先入主や愛郷心以外に、久しくその確信を育ててきた原因のあったことを見出すであろう。現に神さまがそう仰せられた、何某の霊が出てその通り語ったという真実が、そう短い期間には覆えさるべきものではなかったからである。

しかし結局は意識の有無にかかわらず、もと人間の想像力に根を差した以上は、自由にまた美しく成長せねばならなかった。そういつまでも古い形だけを、守っているわけにも行かず、第一には聴く側の要求が、時とともに変化してこれを動かさずには止まなかった。奥州には衣川の悲劇以外に、また前九後三の合戦談があった。『義経記』の中では金売吉次が、若き貴公子に向って長々とこれを語ること、あたかも舞の本の「烏帽子折」において、山路の草苅る夜の笛の物語を、遊女に試みさせているのと同じであった。それからなお行けば悪路王大竹丸の退治、三代田村の勇猛談などもこれを信ぜんとする人々と、もうこれを芸術として楽しもうとする者と、相交錯していたのである。中央の歴史と交渉のないものでは、胆沢郡には掃部長者《かもんちょうじゃ》の物語、長者の妻が後に池の大蛇となり、松浦小夜姫《まつらさよひめ》を人柱に立てようとした話、それから気仙高田の武日長者、姉は旅の空に世を早うして、いたずらに姉羽の松の名を留め、妹は采女《うねめ》となって京に上ったという類、今はことごとく物の哀れを聞くの人の想像に譲って、実際そのようなできごとがあってもなくても、構わぬという境まで進んでは来たけれども、最初に何が目的でこういう物語を聞きもし語りもすることになったかと言えは、やはりまた余りに空虚なるわが土地の過去に、かつて充ちていた何物かを見出そうとする念慮からで、それゆえにこそ最も神霊に親しく、隠れた世界と交通することのできる人のみが常に傭われて仲つぎの任務には服したのであった。

盲目の力

故人がわれわれの夢に見えるごとく、また物語の中に現われて泣き歎いたことは、浄瑠璃のような近世の産物にも、なお多くの名残を留めている。文芸が宗教の領分から全然独立して後も、歌謡はとうてい平静たる叙述のみをもって、喚《よ》び戻された古人の生活を客観することを得なかった。情の高潮に達した際には、主人公は必ず歌を詠むことになっている。これを聞く者の感動は必ずしもその詞の巧拙によらず、むしろそのみずから語るの声によって、現前に相対するの思いを抱くからであった。イタコまたはモリコと称する東北の巫女たちは、教えられずして早くよりこの法則あることを知っていた。ゆえに一方には祈禱の辞、もしくは遠ざからんとする霊魂を招くの詞を唱えつつ、他の一方には一見これとは関係なき歌物語をもって、神を人界に悠遊せしめ、もしくは人をして神の国を愛せしむるの手段に供しているのである。

これに比べるとボサマすなわち座頭の方は、同じ盲目でも早くから信仰を離れて、物語に専らなる者が多くなったが、それでもみずから一人称を用いて、私が見たこう言ったと、語っていた時代は永かったのであろう。そうして『義経記』においては義経を招き、あるいは弁慶亀井をして語らしめたのでは、彼らは中途で死ぬ故に事件の全体にわたることが不便であった。したがって比較的重要ならぬ常陸坊海尊を煩わして、顚末を叙せしめたのであるまいか。もしそうだとすれば海尊は死せずもしくは長命してまだ生きているという俗伝は、容易に行われえたので、しかもその海尊が広くこの地方の信仰の一中心をなしたのは、座頭の職分のもとは九州と同様に、本来また宗教的なりしことを暗示するのみならず、さらに海尊の信仰がこの徒を介して、高館口碑の成長に参与していたことを推測せしめうるのである。

この点は『平家物語』と座頭との関係も同じことで、文字の記録を離れて考えると、『平家』と『義経記』と起原いずれか古きという問題は、まだまだ決定の時期にはきていない。『徒然草』その他の京都人の記録には、『平家』は文人某が作って盲人に歌わせたとなっているが、それはこの物語のいずれの部分も、すべて京都に起こったはずという前提から来ている。なるほど京人でなければ知らぬ話も多いが、同時にまた公卿衆などなら知るまいと、認めてよい部分も少なからず、しかもどうしてそんな事を琵琶の曲にかけるにいたったかの説明は、かえって後者にあってのみ可能である。合戦の物語の古戦場から起こるは自然である。戦の跡には人怖れて近づかず、五十年も百年も荒れていて、心を動かすべき光景であったろう。したがって亡霊を信ずる人々には、数々の不思議が現われずにはいなかったと思う。それを問い弔う人の志に、話を知りたがる好奇心も加わって何かと言えば村にいる巫女術者が、その昔を説く機会は多かったはずである。沖縄などでは北山の城蹟は、今もって悲しい荒墟であるが、国頭全郡の旧姓にしてユタの言に聞き、北山王をもって一旦忘れたるその家の遠祖と信じ、年々きたって香火をささげる者が、すでに数万人におよんでいる。支那でも南宋の朝廷覆没して後に、陶真と称して琵琶を弾ずる盲人の、旧史を説く者が多く出たといっている。瀬戸内海ことに壇の浦の周囲なども、恐らくはまた平家座頭の発祥の地であったろうと思う。

盲人はことに目に見えぬものの音響を伝えるに、適していたのではなかったか。小泉八雲氏の怪談の中に耳切法一なる者が長門の阿弥陀寺にあって、平家の人々の亡魂に招かれ、何も知らずにその物語を語ったという話がある。諸国に分布した逃竄説話の一つで、多くは陀羅尼の功徳により、耳だけ切り取られて助かったことになっているが、山の神や路の神その他怖ろしい神が盲人の目が見えぬに乗じて近々と現われ来り、歌曲を所望したという点はいずれも同じである。恐らくはかつて神と人との間に立つ役に、特に選定して盲目を用いた名残だろう。『平家』の方では悪七兵衛景清の地位が、やや『義経記』の海尊と類似し、その交渉は物語の内外におよんでいる。彼が眼玉を抜き棄てて日向に行き、神に仕えていたと称していろいろの口碑を存し、一方には座頭の給田がもと日向にあったといっている類の伝説は、誤解もしくは仮構にせよ、何か隠れたる事情がなくては、唐突に発生しようはなかったのである。

ただし今さらそのような事情は、尋ねてみるにもおよばぬかしらぬが、昔の交通の容易でなかった時代に、何の因縁がかくばかり幽かなる農民の夢を、成長させ変化させまた遠くへ運んだかということは、一度は考えておいてもよい問題である。曾我兄弟の仇討の物語が、もと富士山下の荒寥たる田舎を出て、中国四国の山の奥にはいっている場合に、必ず虎少将が尼となって廻国し、もしくは鬼王団三郎の来て隠れたというがごとき、本文以外の事実を伴うているように、『義経記』の流伝にもまた早くから、常陸坊とか鬼三太とかの、書物を無視した活動があったのである。文学の都鄙《とひ》優劣が強く現われるようになってから、たまたま相手の武器を借りて争おうとした者は、たちまち『清悦物語』のごとく敗北したが、そういう世の進みには頓着せぬ人々が、古い方式を守っていた場合には、何らかの形式をもってとにかくに、土地にもとからあったものを保存しているのである。

虎少将の廻国ということは、要するに『曾我』を説いた人々の行脚《あんぎや》を意味するらしい。『義経記』の方でこれに似た者は静御前、これも諸国の田舎にきて、菴に住みまたは石を立てている。『吉野記』『吉野文』などという旧記のことが、東北にも伝えられるのは、あるいはこれと関係があるのかもしれぬ。小野小町、和泉式部という類の上臈《じようろう》までが、東西の諸国に同じ一つの物語の跡を止めているなどもこれを模倣または妄説と見る必要は少しもない。要するにこれも旅の語り部と、物語の主人公とが混同した結果であって、やがてはまた日本民間の説話が、久しく一人称形式をもって述べられていた証拠である。

（大正十五年十月十一日「中央公論」）

注釈

16 ＊菅江真澄　宝暦四年―文政十二年（一七五四―一八二九）。本名白井秀雄、通称英二。国学者、紀行家。愛知県豊橋市付近に生まれた。二八歳の時に家を出て各地を旅して歩き、四八歳からは秋田領内にとどまった。彼の多くの日記、紀行文は一般に「真澄遊覧記」とよばれ、農民の風俗習慣、生活感情を伝える民俗資料として貴重である。なお著者には、『菅江真澄』（創元社　昭17、『定本柳田国男集』第三巻所収）がある。

39 ＊近年中道等君の発見した……　この文章が発表された前年に、中道等は「菅江真澄が事ども」（「民族」二―二　昭2）を書いて、『津軽の奥』にふれている。

46 ＊早物語　『平家物語』などの口演に随伴して早口に語られる滑稽な話。東北地方では奥浄瑠璃に付随して語られていた。

54 ＊鈴木牧之の『北越雪譜』　鈴木牧之明和七年―天保十三年（一七七〇―一八四二）は、新潟県南魚沼郡塩沢町に生まれた。郷里で家業の質屋、縮の仲買をするかたわら、詩文、画をよくし、馬琴・京伝らとも交があった。『北越雪譜』は、江戸時代の越後の風俗、口碑等を写生図を多くまじえて記した書物。初編上中下、二編春夏秋冬の計七冊から成っている。初編上巻は天保六年の刊。

57 ＊『続猿蓑』　芭蕉七部集の一つ。元禄十一年刊。

64 ＊金売吉次　奥州の砂金を京都で売りさばいて万福長者になったという多分に伝説的な人物。『義経記』その他において、京都鞍馬にいた牛若丸を奥州平泉に伴い、藤原秀衡に会わせた話で知られている。

64 ＊先年自分がほぼ証明しえた……　著者は大正十五年刊の『海南小記』所収の「炭焼小五郎が事」の中で、この話に言及している。

67 ＊佐々木喜善君の『江刺郡昔話』　佐々木喜善明治十九年—昭和八年（一八八六—一九三三）は岩手県上閉伊郡土淵村に生まれた。文学に志すとともに、柳田国男の影響で昔話の採集をすすめ、数々の昔話集を刊行した。『江刺郡昔話』はその中の一つで、岩手県江刺郡地方の昔話を記録したもの。大正十一年、郷土研究社刊。

74 ＊ウォレス博士の『馬来多島海記』　Alfred Russel Wallace "The Malay Archipelago" (1869, London Macmillan and Company)。ウォレス（一八二三—一九一三）はイギリスの生物学者。彼がマレーシア地方に画したいわゆるウォレス線は、動物地理分布学上重要なもの。

97 ＊仙台の土井教授の夫人が……　第二高等学校の教授をしていた土井晩翠の夫人土井八枝著『仙台方言集』（大正八年刊）をさす。

134 ＊綾部も丹波市も……　綾部は大本教、丹波市は天理教をさしている。京都府綾部は大本教発祥の地で、開祖出口なおが明治二十五年（一八九二）神がかりして、この宗教を開いた。奈良県丹波市は現在の天理市の中心になった町で、天理教の本部ができてから発展した。天保九年（一八三八）、中山ミキが神がかり状態になり、この宗教を開いた。

137 ＊「珠にぬかんと……」『古今和歌集』巻四、「はぎの露たまにぬかんととればけぬよしみん人は枝ながらみよ」。

137 ＊『秋田領風俗問状答書』「諸国風俗問状答」の一つ。文化年間に屋代弘賢が諸国の年中行事、冠婿葬祭等について質問を発して、求めた答。民俗学的にみて貴重な資料である。秋田領のは、秋田藩の儒臣那珂通博の編著。

139 ＊鵜住居　岩手県上閉伊郡鵜住居村（現在は釜石市に合併）。

142 ＊佐々木鏡石君が近ごろ……　佐々木喜善の『奥州のザシキワラシの話』（炉辺叢書（玄文社　大9）をさしている。

143 ＊喜田博士　歴史学者喜田貞吉明治四年―昭和十四年（一八七一―一九三九）。日本古代史研究に考古・民俗学的方法を取り入れ、独自の論を展開した。大正八年に「民族と歴史」を発刊、その「福神研究号」に福神に関する論考を発表している。

＊ある時大津の浜において……　『宇治拾遺物語』巻一「大童子鮭盗みたる事」による。

145 ＊古池の徒　俳人のこと。芭蕉の「古池や蛙飛びこむ水の音」をふまえている。

148 ＊小子内の漁村　岩手県九戸郡の村。本書一五二ページ以下参照。

153 ＊松本・佐々木の二人　松本信広（民族学者）と佐々木喜善のこと。大正九年、この二人と旅するにあたり、著者が佐々木喜善にあてた書簡が、『定本柳田国男集』別巻に収録されている。

161 ＊バルサム　樹脂と揮発性油との混合物。皮膚病薬や香料として用いられる。

171 ＊秋田人のいわゆる「おがさべり」　おがさべりとは余計なおしゃべりのことで、青森、秋田地方の方言。

182 ＊このことはかつて『海南小記』の中に……　八重山群島で毎年六月の穂利祭《プーリ》の二日めの暮方に、村の青年が赤・黒の面を被って来訪神アカマタ・クロマタに扮し、各戸を祝福して歩くことをいう。『海南小記』(大正十四年刊)に述べられている。

202 ＊山田教授もすでに……　山田孝雄の『平家物語考』(国語調査委員会　明44)をはじめとする、『平家物語』の諸本の系統とその関係についての研究をさす。

203 ＊自分が最近に実験したのは……　大正四、五年ごろ、「郷土研究」三、四巻で山崎千束(著者のペンネーム)、高島直一郎、平瀬麦雨らによって、甲賀三郎について何度か述べられたことをさしている。著者はその後これを発展させて、「甲賀三郎の物語」(「文学」八―一〇、昭15)(『定本柳田国男集』第七巻所収)をまとめている。

＊安居院の『神道集』　仏教の立場から説いた神社の縁起由来を主たる内容とする書物。十巻五十章から成っている。南北朝時代のものと言われている。

212 ＊舞の本　幸若舞の詞章を集めた本。『平家物語』や『義経記』『曾我物語』などをもとにしたものが多い。辛若舞は、室町時代に桃井幸若丸直詮がはじめたといわれる舞曲。

219＊『本朝故事因縁集』　元禄二年三月板行。全五巻、一四六話より成る。本朝諸国の故事逸話を集め、各話の末尾に「評曰」として編者の見解を述べる。ここに引かれている話は、巻之一第十五「常陸坊海尊成二仙人一」。なお、本書は呉秀三編『医聖堂叢書』（大正十二年刊）に収録されている。

226＊三馬の『忠臣蔵偏痴奇論』　式亭三馬著。文化九年（一八一二年）刊。忠臣蔵を滑稽化した書物。

解説

『雪国の春』は昭和三年二月、東京の岡書院より最初刊行された三八〇ページの一冊の書物であった。その内容は本文庫に収められたとおりなのであるが、それぞれの題目の文章の終りに付せられた注記があり、その中の古いものは「豆手帖」と題する十九の題目から成っている。これは著者が大正八年（一九一九）貴族院書記官長を辞任し、翌年八月、九月にわたるころ、東北を旅行した際の言わば旅の随筆であって、同年八月、九月にかけて東京朝日新聞に載せられたことが注記によってわかる。いま、東京朝日新聞の縮刷版に当たって検討すると、その「仙台方言集」は大正九年八月十五日号に載せられており、以下九月二十二日の朝日新聞に載せられた「浜の月夜」まで、ほぼその順を追って連載されたものであった。

著者は大正九年七月、朝日新聞社の客員となる。以前とちがう自由な身分となり、その旅行記が旅先から朝日新聞社に送られて載せられるようになったのである。著者は旅先の宿々においてそれらの文章を書かれて、新聞社に発送されたのであった。この間の事情は、筑摩書房版『定本柳田国男集』の第二巻に付載された月報（昭和三十七年一

月）に、その東北旅行に同行された松本信広氏が「東北の旅」と題して書いておられる。今その一節を引用すると、

その間柳田先生は仙台を起点として海岸沿いに北上の旅を重ね、一端遠野にこられ私をおつれになり、また赤羽根峠を越えて南下され、陸前の海岸に出、獺沢《ウソザワ》の貝塚に佐藤さんを尋ねたり、岬の突端の尾崎神社に詣でたり、また大島にわたり、村役場を訪れたりされたのであったが、最後に気仙沼から舟で釜石にわたり、其処で遠野の佐々木さんを一行に加え、総勢三人でいよいよリアス式の登り下りの多い海岸道を一路青森八戸の辺まで向かうことになったのである。

御承知の如く岩手の北上山地は侵蝕を受けることの少い準平原《ペネープレーン》の姿を保存し、山の上は高原性であるが、その山波は太平洋岸に次第に陵夷し、海際に断岸をなしておる。幾条もの川が平行線をなして東流、海に注ぐが、それが三四百尺の深い峡谷をつくり、旅人はこれを上下しては、また高原性の海岸台地の上を歩かねばならなかったので可成苦しい行程であった。その台地の上は、萩の花の美しく咲き乱れている道であったが、行きかう人もごく稀れであり、たまに見受ける家も主人は海に出て、主婦は幼児をイヅコにいれて畑仕事をしているような孤立家屋でその淋しさはさこそと思われるものであった。

こういう道を何日か泊りを重ね、北へ北へと急いだのであったが、宿屋につかれると

先生は、柱によって坐られ、煙草をふかされつつ、サラサラと筆を走らせられていた。それが毎日の朝日新聞の紙上を飾り、後に「雪国の春」の一部を構成した「豆手帖から」の原稿であったのであり、私共は、先生の達筆と博覧強記に全く驚かされざるを得なかった。

と書かれており、この間の旅行とその稿のできた事情が察せられるのである。

すなわち、「豆手帖から」は最初、石巻近辺の「渡波（わたのは）の松林」（「子供の眼」）とか、「自分は十五浜からの帰りに、追波川を上ってくる発動機船の上にいた」（「子供の眼」）など、石巻と同じ宮城県桃生郡雄勝町の地名が見え、さらに「古川町の芝居小屋」（「田地売立」）とあり、今日の宮城県古川市や、「飯野川の警察」（「狐のわな」）と桃生郡河北町の地名が出ており、陸前の北上川下流地方を歩かれていることがわかるのである。さらに北上され、なかには「古物保存」の条のごとき、竈神之由来と題して岩手県江刺郡の昔話をさりげなくあげられているのであるが、それは後に著者の昔話研究の主著『桃太郎の誕生』のなかの「海神少童」と題した一章に説かれた幽玄な日本民族の神話につながるような問題がひそんでいるのであり、そこに私は著者の研《と》ぎすまされた眼や聴耳を感じないわけにはいかない。「町を作る人」では陸中（岩手県）気仙郡世田米（いま、住田町に合併）のことが見えるのは、一度閉伊郡遠野町に行かれたためであろうか。そして、豆手帖の記述は、三陸海岸を越喜来湾から北へ北へと海に川がいくつも落ちる深い峡谷を上下しながら進む旅人の姿をありありと思い浮かばせるのである。そして折から葛の花が散っており、宮古以北の野田湾の歌枕野田の玉川まで、北上高地の「一続きの大長根」（「処々の花」）は一面に萩が繚乱と咲き乱れていた。しかし、そのころはちょうど空を精霊が往来する季節であった。高い燈籠木が陸中に入って来ると目についてくる。不幸のあった家は翌々年の盆まで燈籠を高くあげる習いになっている。昨年の流行性感冒で閉伊の吉里吉里村（いま、岩手県上閉伊郡大槌町吉里吉里）は「ほとんど一戸として燈籠の木を立てぬ家はない」（「鵜住居の寺」）。

著者の建立した日本民俗学は一言にして言えば、日本民族の霊魂の学問であったと私は思うのであるが、「樺皮の由来」「浜の月夜」、そういう章々にはどんなに背後に踊っている精霊のあることか。著者は北の岩手県九戸郡小子内（いま、種市町に属す）の清光館で浜の月夜の盆踊を見る。そして六年後にふたたびその土地を訪れたときの体験を「清光館哀史」として大正十五年九月の「文藝春秋」に発表した。この一章が、豆手帖の次に『雪国の春』では載せられている。淋しい北の果ての村にも、永遠の嘆きを感じさせるような古い伝承がある。

なにヤとやーれ
なにヤとなされのう

盆の月夜の踊りは短い詞章を高く低くくり返し、無限の思いをこめて夜半まで歌うのであった。

すでに著者の東北発見は、明治四十三年の著書『遠野物語』一冊にあったと言えようが、大正九年八月、九月の東北旅行も、岩手県閉伊郡遠野の周辺を三陸海岸に沿い北へ北へと行かれたのであった。『雪国の春』は一面に言わば東北文化論であった。そして、著者はこの年つまり大正九年はほとんど旅に暮らして、十月には後の『秋風帖』の一冊となる三河・尾張・美濃地方の旅を経、十二月から翌年にかけて九州、沖縄へと旅行をし、その紀行は大正十四年に刊行された『海南小記』の一冊となるのであるが、そこに説かれた事柄と相応じているのが、『雪国の春』の冒頭を飾る一章、「雪国の春」であった。そこにはたとえば、正月望の前の宵の行事であるタビタビ、トビトビとかホトホト、コトコトなどいう本土の多くの府県に行われている行事と比較して、東北のナマハギとか、ナゴミタクリ、ヒカタタクリと称する行事が説かれ、またたとえば『海南小記』のなかの「二色人」に説かれたような、穀祭の日に二人の若者が神に扮して村々の家を訪れるような事柄と比べて説かれているのである。それは東北文化論と言うより、むしろ日本文化論であり、日本民俗学の比較の方法が著者の鋭い洞察により美しい文章となっているのである。

『雪国の春』一冊は最初刊行された時に、布表紙の表と裏に青い空とその下にそびえ立つ嶺々を青い線で描き、芽ぐむ木の枝とたんぽぽや空を飛び交う燕が点描されており、背表紙の書名以外にもおもて表紙の隈に「雪国の春」と銀文字で書かれてあった。これは著者の弟の画家、松岡映丘により装幀され描かれたのであった。また著者がこの書のなかでも紹介につとめた菅江真澄の「津軽のつと」から写した色彩の図版が最初に載せてあった。そして、冒頭の一章、「雪国の春」はその装幀と応じるかのごとく独特の美文であったと言えよう。著者の『遠野物語』も最初刊行された時に読者に受け取られたのはむしろ文学作品としてであったかも知れないが、元来詩人として出発した著者は、この『雪国の春』においても著者独特の詩をみごとに開花させている。もちろん、それは単なる文飾ではけっしてなく、深く鋭い洞察が、『雪国の春』を言わば幽艶なものにさせているとも言えよう。私はこの書の冒頭の一章に、『海南小記』の中の名文「阿遅摩佐の島」と相応じるものを感じないわけにはゆかない。

『雪国の春』一冊は冒頭の一章「雪国の春」に続いて「『真澄遊覧記』を読む」なる一章がある。これは故郷の三河を天明の初年に二十八歳で出てから文政十二年秋田県の仙北郡角館で七十六歳で没した菅江真澄の遊覧記の中の東北地方に関する部分の紹介で、そのなかに興味ある民俗の紹介が多い。著者の東北旅行は、一面に菅江真澄に対する思慕が原因でなかったかと思われ、若い時から日本の古い文献をよく博覧抄記していた著者は内閣文庫などで真澄の遊覧記をすでに念記していたと思われるが、この『雪国の春』の著書刊行後も一生その生涯を追っておられ、それは今日その志を継ぐ研究者に受け継がれている。真澄の遊覧記は、不思議な、民俗誌、ことに東北地方の古い記念すべき民俗誌なのである。著者はたとえば、奥州の座頭の生活がこの旅人の興味を引いたことを指摘し、ボサマ（坊様）すなわち盲人が弟子たちをつれて一曲の後に早物語をしたことなどを紹介し、また、童子が兎が飛び出して行ったのを見て、田螺（つぶ）と兎の問答をした歌を話したとあるのを真澄の遊覧記からあげて、「こんな歌を子供が記憶するのは、いうまでもなくボサマの教育であった」と指摘しているのである。

著者が中心となった日本民俗学のその後の仕事の一つに全国的な昔話の採集がある。東北地方はことにその方面で興味ある成果を示した地方であったが、その中にはボサマの活動を裏づけるものが多い。

著者はそういう問題にも触れつつ、『雪国の春』の最後の章を「東北文学の研究」と題し、一『義経記』成長の時代、二『清悦物語』まで、の二章に分けて論を展開しているのである。

著者はまず『義経記』の今のものは読み本であったが、よく見るといろいろの食い違いがあり、「たとえば鬼一法眼から兵法の秘書を取り出したと説かんがために、義経は中途で一度、中仙道を通って奥州から京へ帰ってこなければならなかった。弁慶が家来になるのもその際の話になっている。それから伊勢三郎が見出されるためには、保護者の金売吉次と一旦は手を別って、上州松井田の辺まで余計なまわり路をしなければならなかった。一度に趣向を立てたものならば、こんな不自然なことはしなかったはずである。ところが何か理由があって、伊勢三郎は妙義山麓に隠れ住み、それが最初の家来として召し抱えられたことにしなければならなかった」と書かれており、それが粗末な継ぎ合わせのセメントで、多分京都製だろうと指摘しているのである。これは大正十五年十月、十一月の「中央公論」誌に書かれたものであるが、きわめて鋭い清新な指摘であり、当時にあって国文学者はなにびともそのような自由な考え方ができなかったことはその後に出版された島津久基著『義経伝説と文学』を見ても察せられると思うのである。

著者は『義経記』に常陸坊海尊が義経と戦死を共にせず、生き残ったとある記述を注意して論じて、そこに古い語り物の零落の痕跡を見、八百比丘尼やお虎狐などと結びつけて論を展開しておられる。この点は著者の態度は直観的であり、演繹《えんえき》的であり、必ずしも帰納的ではないのである。著者はことに『義経記』の第七巻以下の北国下りの条が奥州系であることを論じられる点も、たとえば山伏の作法に詳しいとか、亀井兄弟の武勇が極度にはなやかに描かれているなど、いろいろと示唆のある指摘がある。しかし、それが東北文学であるということについては私はなお若干の疑問符をつけてみたいと思うのであり、中世の京都人は日本海、敦賀・小浜を通じて東北の地理には案外詳しく、酒田・秋田・津軽の十三（とさ）港などへは路は東国よりもずっと京都へ近かったかもしれぬと思うのである。『雪国の春』の中の「津軽の旅」の条で十三潟、十三の港の盛哀に触れられ、山荘大夫の物語について「越後・佐渡から京西国にかけて、珍しく広い舞台をもつこの人買い船のローマンスは、要するに十三の湊の風待ちの徒然に、遊女などの歌の曲から聞き覚えたものに相違ない」と書かれる。十三港については、後に著者は『民謡覚書』の中の「酒田節」でも十三の盆踊「とさの砂山」などの歌に触れられ、「御曹司島渡りの御伽冊子を始め、ここを泉として湧き流れた歌と物語は、汲めども尽きぬほどの豊かさであったが」と書かれている。

『雪国の春』は一面に日本の中世の文化史に示唆するものを含んでいるのであり、日本民族が東北《ひがしきた》へと雪を踏み分け進んで行った中世史が、言わば『雪国の春』一冊の内容であると言ったら、あまりにも歴史的な考察に片寄った見方であろうか。

ともあれ、『雪国の春』はまことに幽艶である。今日でもそこに汲みとることのできる泉が滾々《こんこん》と湧いている書でもあると言えよう。私の拙い一文に意をかけることなく、『雪国の春』の原文を繰り返して読んでいただきたい。私もかつて青年時代、二十歳になったばかりのころ、著者に親しく教えを受ける以前、まずこの書と『海南小記』とが、言わば眼《まなこ》の鱗《うろこ》を落としてくれた書物の一つであったから。

岡見正雄

※解説中の地名等は改版（昭和46年）当時のものです。（編集部）

解説　新装にあたって

鶴見　太郎

その生涯において柳田国男は何度か自らの主題を変えてきた。明治末の「山人」論、大正期に入ってからの漂泊民への着目、そして大正末の沖縄紀行以降展開される固有信仰の世界と、その眼差しの先にある人間像は、自身の問題意識とともにゆっくりと変容した。無論この背後には、「何故に農民は貧なりや」という幼少期の原体験から発する経世済民への志向が、やがて日本人の生活事象の理解、その中でも心意伝承の把握こそが最重要課題であるとする認識へと繋がっていく、大きな見取図がある。変容する以前の民俗像が、その構想者だった柳田自身の変容以降も、現在に到るまで魅力を湛え、読み継がれている理由はそこにある。

『雪国の春』に収められた文章の書かれた大正中期から昭和初年とは、まさにちょうど柳田が外側から多くの刺激を受け、自身の学問の形を明確にしていった時期に当たる。二〇年近く続いた官僚生活への終止符、一九二一年の沖縄紀行によって得た氏神信仰を基盤とする綜合的な日本把握への確信、そして一九二一年から翌年にかけて国際連盟委任統治委員としてのジュネーブ滞在など、柳田個人の閲歴の中でも、恐らく最も変動に満ちた時期といってよい。

全体を眺めて分かるのは、本書に収録された文章のひとつひとつが、それを書いた当時における柳田の位相というものを、色濃く反映していることである。

本書に収められている中で最も古い「津軽の旅」は、一九一六年初夏の旅から生まれたものだが、柳田は寂れた十三湊の風景から、かつてこの地に流入した遊女の姿、さらには彼女らの歌を国中に広めた漂泊の女性たちを連想する。この時、柳田はいまだ祖霊崇拝を媒介とする村社会を想定するには到らず、その関心を非定住者の世界に注ぎ込んでいたことが分かる。これとは逆に、「雪中随筆」（一九二七年）において柳田は、炬燵と炭との関係を事例に、家における「火」の分裂を論じる。その際、柳田がくりかえし引くのは『続猿蓑』の連句である。俳諧をまたとない民俗資料として縦横に駆使する方法は、ずっとのち『木綿以前の事』（一九三九年）においてより自覚的に試みられるが、その片鱗はすでにこの頃からあったとみてよい。柳田の生涯を俯瞰した時、本書はまさに過渡期の産物といってよいのである。

にもかかわらず、本書を包み込んでいる「まとまり」とはいったい、何なのだろうか。少なくともその一端は、「自序」の中にある「暖かい南の方の、ちっとも雪国でない地方の人たちに、この本を読んでもらいたいのである」という言葉に窺うことができる。

すなわち、旅した東北の風物を細かく追いながら、同時に柳田の目線はそこに籠っているのではなく、広く列島の端々へと向いているのである。

時間的な広がりも付け加えておきたい。本書の冒頭を飾る「雪国の春」は、春の到来に象徴される日本人の季節感の中に、近畿を中心とする見えざる基準のあることを見出し、その土地本来の環境に即した「春」を持ちながら、それを受け入れていく地方、特に雪国の忍耐と悲哀をつづったものであるが、柳田の筆はそこに止まらない。それを述べた後に柳田は近代において外からの思想を模範として受け入れてしまう近代の日本人像を記し、そこに「永年の模倣の癖」を読み取るのである。

変化に富む細かな事象を関連付けて「まとまり」とするためには、眼前の被写体だけに凝集することのない、その背後にある見えざる風景、隠れた思想をも見とおす力が必要となる。例えば「『真澄遊覧記』を読む」において柳田の脳裏に浮かぶのは、そこに描かれてある正月行事や囲炉裏の傍で世話になっている家の主人から親しく土地の話を聞く真澄ではない。年越の準備で慌ただしい家にあって、この時ばかりは自分が余所者であることを痛感し、所在なげに一人囲炉裏に座する真澄の姿なのである。

柳田がこの力をひときわ強く発揮するのが、「豆手帖から」所収の「子供の眼」である。一九二〇年の約一ヵ月半に及ぶ東北旅行において柳田は、忘れえぬ子供の眼に遭遇する。一人目は田舎道に不意にあらわれた自動車に馬が反応したことから、荷車に轢かれた十代初めの馬方である。事故の直後、たまたま車中の人である柳田はこの馬方と眼を合わせ、「ただの一瞬間の子供の目の色には、人の一大事に関する無数の疑問と断定とがあった」とした。二人目は旅先の船上で、これも心ならずも目線を交わしたチフスに罹患した十一、二歳の少女で、柳田はその「凡人の発心を催すような」無垢の眼に圧倒される。この二つの眼差しを柳田は「人間としてははるかに有力なる宣言」と記した。
小さな場所の生活事象を大切にし、多くはそこから出発するのが柳田の学問の特色である。それは人間形象についても変わらない。しかし、この言葉に限っていえば、土地の匂いよりも、むしろ広く人間そのものを見つめるという印象の方が強い。そこには日本という限定された空間を飛び越える力すらある。柳田の対象への洞察力は、しばしば場所に限定されることのない視座から発揮されるのである。そのことはまた、普段表にはあらわれない柳田民俗学の特色となり、本書の見えざる力となっている。

（早稲田大学教授　日本近現代史）

本文中には、今日の人権擁護の見地に照らして不適切と思われる表現がありますが、発表当時の社会的背景に鑑み、一部の表現の修正を除き、原則的にそのままとしました。

（編集部）

雪国《ゆきぐに》の春《はる》

柳田国男《やなぎたくにお》が歩《ある》いた東北《とうほく》

柳田国男《やなぎたくにお》

昭和31年 7月30日　初版発行
平成23年 11月25日　新版初版発行
令和7年 10月5日　新版14版発行

発行者●山下直久

発行●株式会社KADOKAWA
〒102-8177　東京都千代田区富士見2-13-3
電話　0570-002-301（ナビダイヤル）

角川文庫 17142

印刷所●株式会社KADOKAWA
製本所●株式会社KADOKAWA

表紙画●和田三造

●お問い合わせ
https://www.kadokawa.co.jp/（「お問い合わせ」へお進みください）
※内容によっては、お答えできない場合があります。
※サポートは日本国内のみとさせていただきます。
※Japanese text only

Printed in Japan
ISBN978-4-04-408302-1　C0195

角川文庫発刊に際して

角川源義

第二次世界大戦の敗北は、軍事力の敗北であった以上に、私たちの若い文化力の敗退であった。私たちの文化が戦争に対して如何に無力であり、単なるあだ花に過ぎなかったかを、私たちは身を以て体験し痛感した。西洋近代文化の摂取にとって、明治以後八十年の歳月は決して短かすぎたとは言えない。にもかかわらず、近代文化の伝統を確立し、自由な批判と柔軟な良識に富む文化層として自らを形成することに私たちは失敗して来た。そしてこれは、各層への文化の普及滲透を任務とする出版人の責任でもあった。

一九四五年以来、私たちは再び振出しに戻り、第一歩から踏み出すことを余儀なくされた。これは大きな不幸ではあるが、反面、これまでの混沌・未熟・歪曲の中にあった我が国の文化に秩序と確たる基礎を齎らすためには絶好の機会でもある。角川書店は、このような祖国の文化的危機にあたり、微力をも顧みず再建の礎石たるべき抱負と決意とをもって出発したが、ここに創立以来の念願を果すべく角川文庫を発刊する。これまで刊行されたあらゆる全集叢書文庫類の長所と短所とを検討し、古今東西の不朽の典籍を、良心的編集のもとに、廉価に、そして書架にふさわしい美本として、多くのひとびとに提供しようとする。しかし私たちは徒らに百科全書的な知識のジレッタントを作ることを目的とせず、あくまで祖国の文化に秩序と再建への道を示し、この文庫を角川書店の栄ある事業として、今後永久に継続発展せしめ、学芸と教養との殿堂として大成せんことを期したい。多くの読書子の愛情ある忠言と支持とによって、この希望と抱負とを完遂せしめられんことを願う。

一九四九年五月三日

角川ソフィア文庫ベストセラー

角川ソフィア文庫ベストセラー

藤原定家の熊野御幸　神坂次郎

建仁元年、後鳥羽院に熊野御幸同行を命じられた藤原定家の記録からは定家の人間的側面がよく見える。熊野を熟知した著者ならではの定家考。

こんなにも面白い日本の古典　山口博

生活も価値観も違う昔の人が書いたものがこんなにも面白い！　いつの世も変らない、恋愛・生活苦・介護の問題などから古典を鋭く読み解く！

日本人はなにを食べてきたか　原田信男

コメや肉はどのように社会の仕組みとかかわってきたか。政治制度や祭祀と料理や食文化との関係など、食生活の歴史からわかる日本の歴史。

性愛のインド　愛欲の精神史1　山折哲雄

ヒンドゥー教由来の生命観による性愛とエロスの世界。ガンディーの「性ののり越え」の聖性と魔性。インドという土壌での「エロスの昇華」を描く。

密教的エロス　愛欲の精神史2　山折哲雄

空海の即身成仏にみる密教的エロス。『源氏物語』の「色好み」にみる「空無化する性」。女人往生を説く法華経信仰と変性のエロチシズムを描く。

王朝のエロス　愛欲の精神史3　山折哲雄

「とはずがたり」の二条をめぐる5人の男との愛の遍歴。璋子の野性化する奔放な愛欲のかたち。その果ての女人出家の懺悔・滅罪について描く。

天災と日本人　寺田寅彦随筆選　寺田寅彦　山折哲雄編

風土に根ざした科学を提唱した地震学者・寺田寅彦。寺田随筆の精髄「日本人の自然観」、災害防備への提言「天災と国防」等、代表作を厳選！